青森｜秋田「いい川」

渓流

ヤマメ・イワナ釣り場

つり人社書籍編集部　編

つり人社

JN169834

目次

青森
秋田
「いい川」
渓流
ヤマメ・イワナ釣り場

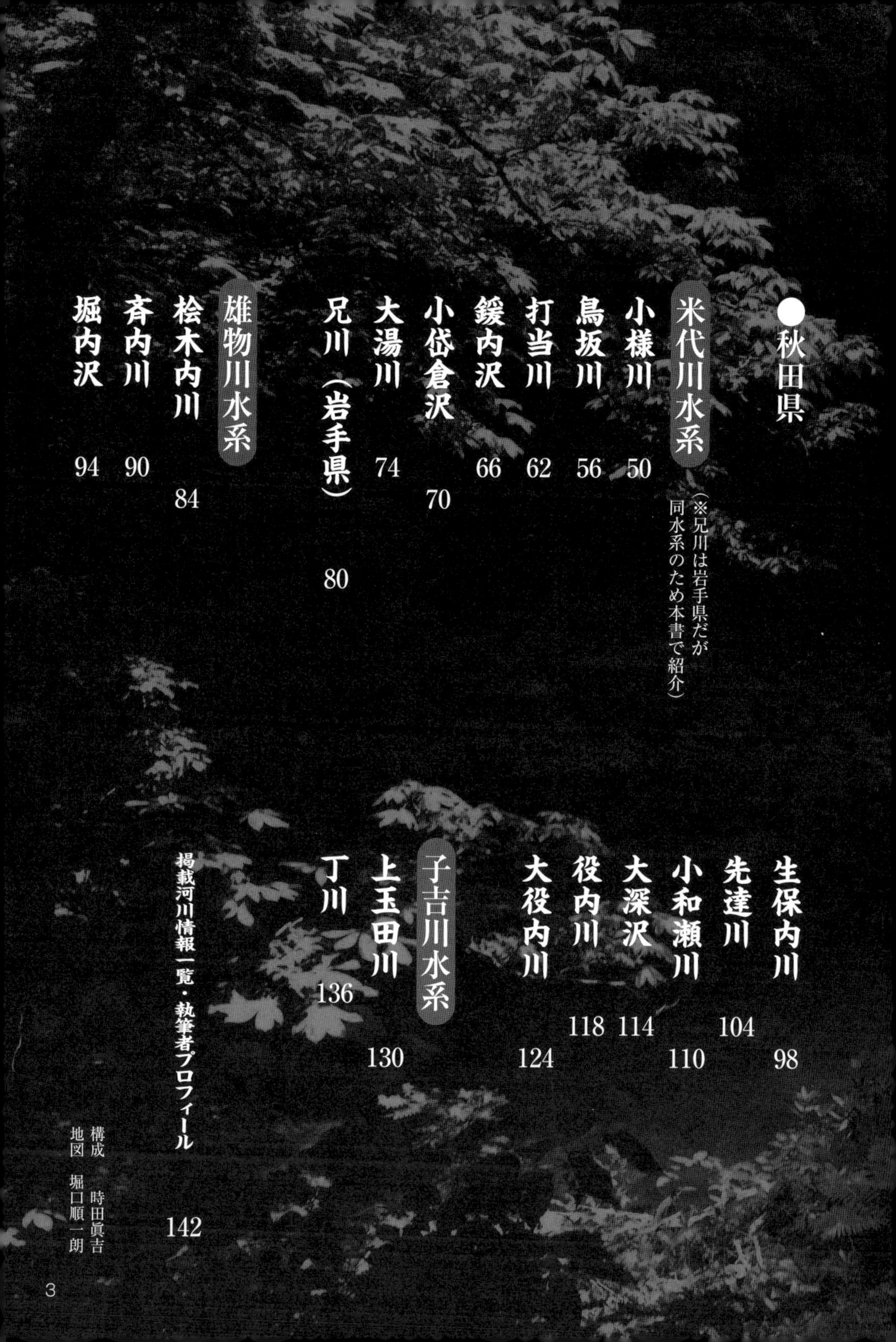

構成　時田眞吉
地図　堀口順一朗

はじめに―本書について

本書は釣り人による、釣り人のための渓流釣り場ガイドです。エサ、ルアー、毛バリ、フライとスタイルを問わず渓流釣りと自然を愛する方々にご協力をいただき、一冊にまとめました。末永く渓流釣りを楽しめるように、ルールを守り、節度のある釣りを心がけましょう。

【釣り場】 一般的な渓流、本流を中心に、最終集落以遠の源流域も一部で含まれます。本文解説や写真から己の技量に適した河川を選び、安全な釣行を心がけてください。

【対象魚】 ヤマメ、イワナを主な対象魚とします。

【情報】 本文やインフォメーション等の各情報は、基本的に2015年12月までのものです。現状を保証するものではなく、解禁期間、遊漁料、漁業協同組合、釣具店、遊漁券取扱所等の各情報は、その後変更されている可能性もあります（解禁日は「第●土曜」等で設定されている場合、年によって日にちが変わります）。同様に、釣り場の状況も同じであるとは限りません。釣行の際は必ず事前に現地の最新情報をご確認ください。また、現地で本書に記載外の禁漁・禁止行為等を示す標識などがあった場合にはその指示を遵守してください。

【地図】 各河川にはアクセス図と釣り場河川図を掲載しました（縮尺は一定ではありません）。アクセス図の交通は、基本的に最寄の高速道路ICを起点にしています。河川図は基本的に北を上にして製作してありますが、河川によっては表示するスペースの関係から異なる場合もあります。アクセス図、河川図ともに東西南北は方位記号をご参照ください。また、地図上に記された駐車スペースの多くは、本文内の記述と合わせて、あくまで1つの目安としてお考えください。

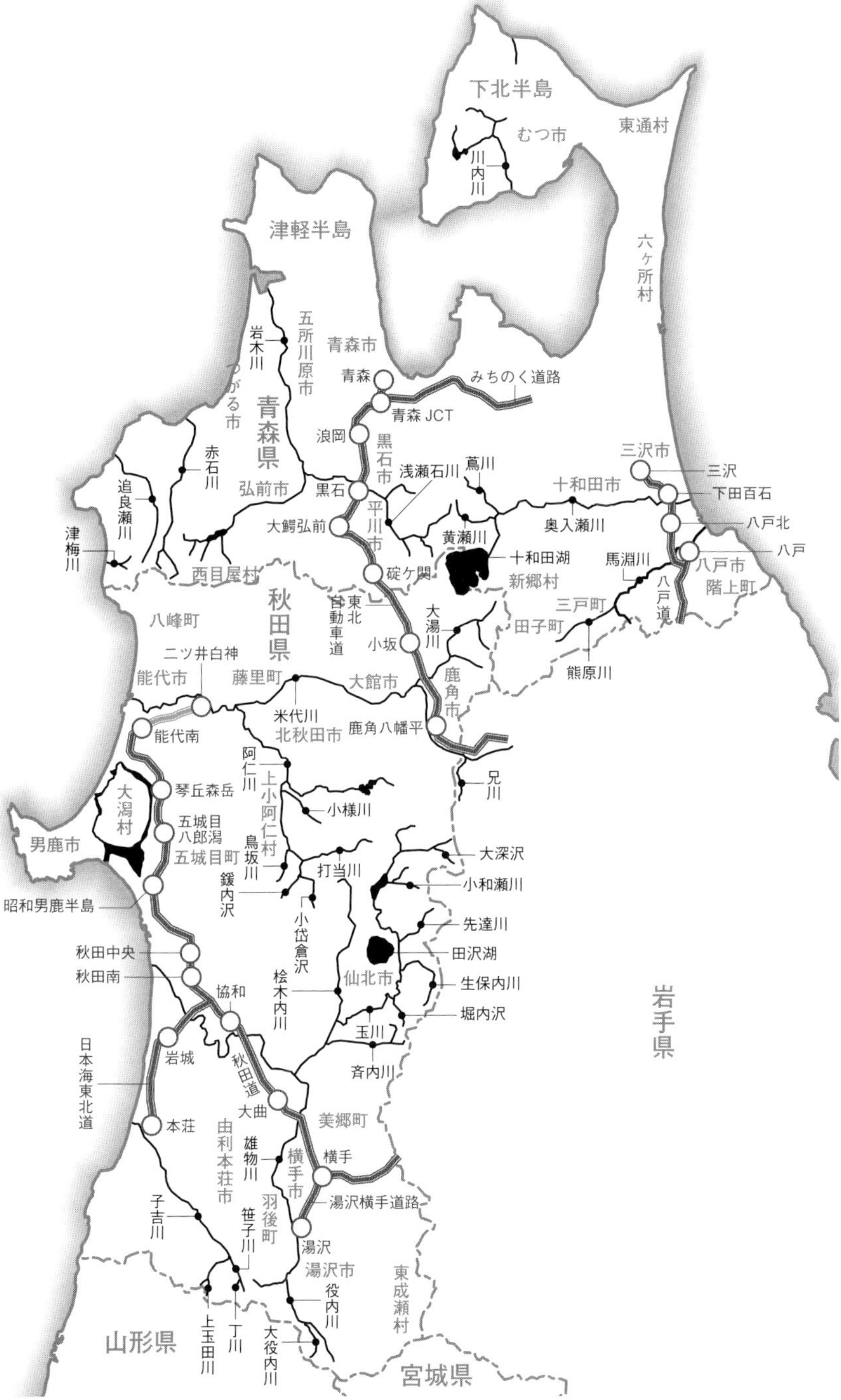
下北半島
むつ市
東通村
川内川
津軽半島
六ヶ所村
五所川原市
青森市
岩木川
つがる市
青森
みちのく道路
青森JCT
青森県
浪岡
黒石市
赤石川
三沢市
三沢
蔦川
浅瀬石川
追良瀬川
黒石
弘前市
十和田市
下田百石
奥入瀬川
大鰐弘前
平川市
八戸北
津梅川
黄瀬川
十和田湖
八戸
馬淵川
八戸市
碇ケ関
西目屋村
新郷村
階上町
八戸道
秋田県
東北自動車道
大湯川
三戸町
八峰町
田子町
小坂
二ツ井白神
熊原川
能代市
藤里町
大館市
鹿角市
米代川
能代南
北秋田市
鹿角八幡平
阿仁川
兄川
上小阿仁村
大潟村
琴丘森岳
小様川
五城目八郎潟
男鹿市
鳥坂川
大深沢
五城目町
打当川
小和瀬川
鎧内沢
昭和男鹿半島
小滝倉沢
先達川
秋田中央
田沢湖
秋田南
桧木内川
仙北市
生保内川
協和
堀内沢
岩手県
日本海東北道
玉川
岩城
斉内川
秋田道
大曲
美郷町
本荘
由利本荘市
雄物川
横手市
横手
湯沢横手道路
子吉川
羽後町
笹子川
湯沢
湯沢市
東成瀬村
役内川
上玉田川
丁川
大役内川
山形県
宮城県

川内川《かわうち》

観光地としても知られる下北半島の美渓
田んぼの引き水もなく安定した水量で釣りを楽しめる

上流部にかわうち湖（ダム湖）を擁する川内川は、下北半島の内陸部を北東に流れたのち、湯野川合流付近からはヘアピンカーブを描くように南へ大きく進路を変えて陸奥湾へ注ぐ延長29・2㎞の二級河川である。秋は紅葉、夏はホタルが舞う美しい渓谷としても知られる。

のびやかな雰囲気の下流部

●湯野川合流から上流がおすすめ

下北半島を流れる河川のなかでは、ダムはあるが水量は豊富で安定している。渓相は、かわうち湖の近く（下流側）では大石が多くなるのと、湖の上は川が細くなることを除けば、全体に極端な段差のない適度な規模のやさしい流れである。

また、津軽海峡側の大畑川などと比べると釣り人も少なく、魚もスレていない。アクセスはよくないが、のんびり釣りを楽しみたい方にはおすすめだ。

難点は駐車スペースが少ないこと。湯野川合流からダム下までの間で、駐車可能と思われる場所は4ヵ所程度と思われる。駐車の際はほかの方の迷惑にならないように、くれぐれも気をつけてほしい。

主な対象魚はヤマメとイワナ。かわうち湖から上流はイワナのみとなるが、川幅が狭くなり駐車スペースもさらに少なく、また春はクマが頻繁に出没す

information

●河川名　川内川
●釣り場位置　青森県むつ市
●主な対象魚　イワナ、ヤマメ
●解禁期間　4月1日～9月30日
●遊漁料　日釣券400円・年券3000円
●管轄漁協　川内町内水面漁業協同組合（Tel0175-42-3691）
●最寄の遊漁券発売所　大山家具店（Tel0175-42-2005）
●交通　東北自動車道、青森自動車道を経由し青森東ICを降り、国道4、279号でむつ市方面へ。市内より国道338号、県道46号で川内川へ

るので入渓は避けたほうが賢明だろう。

川内川はアメマスやサクラマスのソ上もあり、下流部にも渓魚は生息しているが、渓流釣りとしての雰囲気も加味して考えると、釣り場は湯野川合流から上流の中川開拓辺りがおすすめといえる。下流部は国道３３８号が川を渡る河口から上流・銀杏木橋までは通年禁漁区である。

また、支流の湯野川にもヤマメが生息している。条件が合えば数釣りが楽しめるのと、流域には湯野川温泉もあるので宿泊も可能だ。

●最盛期は例年5月20日過ぎから

シーズンだが、解禁当初はサオをだせば銀毛は多少釣れるが、雪と寒さが厳しく、はっきりいってほとんど釣りにならない。ただでさえ駐車スペースが少ないところに、道路の雪が脇に寄せられ、水も少なく川幅も狭くなっている。

4月20日過ぎから5月のゴールデンウイークが終わる頃にかけては雪代が出る。したがって最盛期を迎えるのは例年5月20日過ぎからだ。

6~7月は、川内川は周囲に田んぼが少なく引き水で減水することもないので、安定してよい釣りを楽しめるだろう。ヤマメの型は8寸~尺前後。夏はアユ釣りも始まるので、お好きな方は両方楽しめる。ただし付近にはオトリ店がないので注意してほしい。他の地域でオトリを確保して持ち込むか、アユルアーなどを使うしかない。

真夏になると新仔はたくさん釣れるが、良型のヤマメはこの時期どこにいるのか分からなくなることが多い。

サオは6mあれば充分。エサはキヂが最も安定感がある。特に雪代の終わり頃でササニゴリの時は、抜群の効果を発揮することがある。川虫は、ヒラタ系のものはよく見るがクロカワ虫は少ない。したがってどうしても川虫を使いたいという方でも、キヂは持参したほうがよいと思う。ほかにはブドウ虫や、夏はバッタも効果的。釣法は、テンカラやルアーでももちろん楽しめる（松山）。

発電所付近の渓相。発電所から大滝付近は遊歩道も整備された観光地になっている（上、下）

極端な段差のない適度な規模と流れのやさしい渓相を見せる川内川

湯野川合流点上流側、本流の渓相

中流部の岩盤と淵の流れ

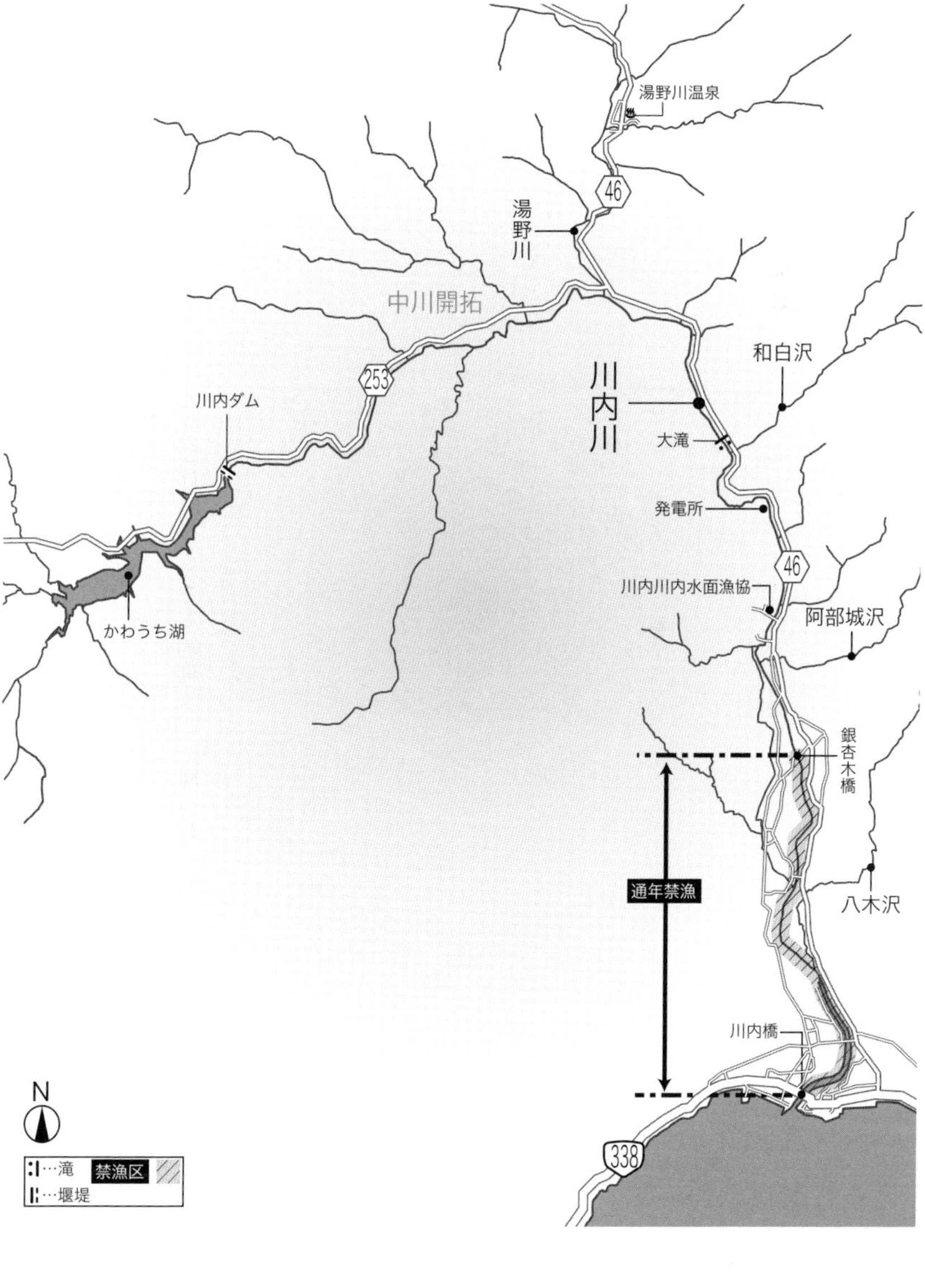

奥入瀬川水系

蔦《つた》川

豪雪地帯を縫う渓は雪代が終わると一気にハイシーズン
雪代終了直後とオオマダラカゲロウの羽化は絶好の日和

雪解け前の蔦川。解禁当初は雪代の影響がまだない

八甲田のブナ原生林の中を流れる美しいその渓は、雪代が終わるといきなりのハイシーズンを迎える。「Xデー」、毎年私の釣り仲間（フライフィッシャー）は、待ち焦がれる日をそう呼ぶ。それは5月の最終週か、6月の第1週か？

また、年によって多少の変動はあるが、八甲田山系の例年の積雪量は7〜8mにも達する。その八甲田山系から流れ出すのが、蔦川だ。

●フライの人には特別な日が2回

雪解けが終わるまで、つまりXデーの前日までは、河畔に近づくことさえはばかられるような、川幅一杯に独特の緑色がかった雪代があふれる。Xデーに川岸に立てたフライフィッシャーは、シーズン一番の釣果を得るかもしれない。それくらい幸せな一日となるであろう。それが前述のように5月下旬から6月上旬の第何週になるのか？あなたが真面目なサンデー&サタデー・アングラーなら、確率は7分の2（7日のうちの土日の2日）だ。

さらに雪代終了後のおおむね2週間後、第2のXデーが訪れる。それは、オオマダラカゲロウの羽化の日。時間帯は10時30分から13時前後に集中。ダン（亜成虫）の羽化が一斉に始まり、流れの筋に沿ってイワナのライズも始まる。フライはオーソドックスだが12番のアダムスパラシュートがマッチする。経験上、年によってボディーの色がやや異なるように感じているので、さまざまなカラーバリエーションがあ

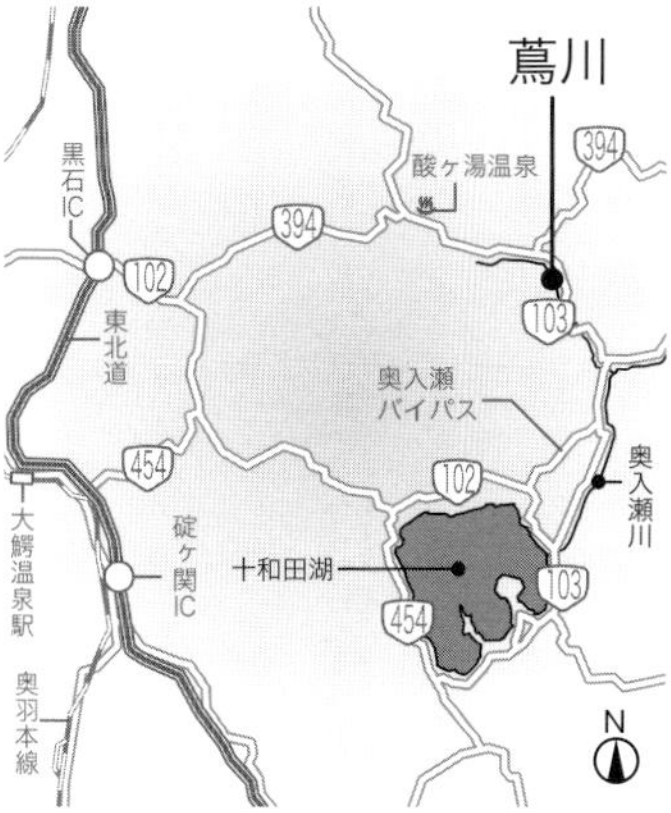

奥の橋が入渓地点となる仙人橋

information
●河川名　奥入瀬川水系蔦川
●釣り場位置　青森県十和田市
●主な対象魚　イワナ
●解禁期間　4月1日～9月30日
●遊漁料　日釣券800円・年券5200円（バッチ代込み）
●管轄漁協　奥入瀬川漁業協同組合（Tel0176-72-3933）
●最寄の遊漁券発売所　蔦温泉売店（Tel0176-74-2712）、民宿・桂月荘（Tel0176-74-2237）、サークルK十和田相坂店（Tel0176-21-2466）
●交通　東北自動車道・黒石ICを降り、国道102、394号で酸ヶ湯温泉方面へ進み、国道103号で蔦川へ。本文に十和田ICからのアクセスもあり

るとよいだろう。

　ポイントへのアクセスは、東北自動車道・十和田ICで降りて国道103号を十和田湖方面へ向かい、十和田湖と奥入瀬渓流を通り過ぎて焼山《やけやま》地区へ。

　焼山から左折して蔦温泉方面へ。温泉を通り越して5分ほどで仙人橋に到着する。また、十和田市内からは国道102号を八甲田方面へ向かい、旧十和田湖町を抜け焼山地区に入り、ガソリンスタンドと民宿「桂月荘」を右手に見ながら、黄色信号が点滅する交差点を国道103号に入る。あとは上記と同じく蔦温泉を越して仙人橋へ。

　この点滅の黄色信号を左折して橋を渡ると、十和田湖へ向かう国道102号である。焼山地区から、十和田湖の水が奥入瀬渓流の流れ出す子《ね》ノ口まではおよそ14km。

　日本の滝百選の「松見の滝」を上流にもつ黄瀬《おうせ》川も、この奥入瀬渓流の支流である（黄瀬川については14ページ以降を参照）。

●スレた魚を静かに攻略する

　入渓地点は仙人橋のすぐ上から。駐車は、JRバス停を目印に、左手に開けた広場があるので分かりやすい。それらしい車が数台駐車していても、すぐにがっかりすることはない。周辺にはめぼしい駐車スペースがなく、赤沼までのハイカーや山菜採りの車も多いからだ。

　不幸にして釣りの先行者だとしても、

あきらめず少し時間を空けて入渓すれば、意外な釣果を得られる日もある。私はゆっくり出発して、午後から入渓することもある。

入渓点は駐車スペースのすぐ脇から川に下りて釣り上がる。入渓してすぐのポイントは、気のはやる先行者が見逃すことが多く、こまめに探ったほうがよい。

釣り人やハイカーが多いポイントで、魚は常に人間の存在を近くに感じているので人慣れ（人ズレ）している。そのため、水面上に被った枝先の、奥のさらに奥といったポイントをねらうことになる。

仙人橋上流の流れ。魚がスレているため慎重なアプローチが必要

仙人橋から橋下をのぞくと良型のイワナの魚影が見える。当然一筋縄ではいかず、ラインが空中を走っただけで身を潜めてしまうことがほとんどだ。

前述のように雪代が出始めると手も足も出ない蔦川だが、解禁当初の雪解けが始まる前に入渓する手もある。小さなフライで静かに釣ると、早期にもかかわらずドライフライに出ることもある。解禁日直後にはオナシカワゲラの羽化に合わせて18番の黒いボディーのパターンを使うことが多い。

仙人橋から下流は、東北電力蔦水力発電所の取水があるせいで、水が涸れる区間がある。本流を釣り上がるのが基本であるが、足に自信があり、山岳渓流の釣りを楽しみたいなら、蔦川のさらに上流か、右岸からの支流・矢櫃沢がおすすめ。

蔦川は雪代が終わると同時にハイシーズンを迎える

7月以降の羽化はカディス（トビケラ）がメイン。カクツットビケラを意識して12～14番、同種と思われる小型のトビケラの羽化に備えて16番もフライボックスに入れておいたほうがよいだろう。

遊漁券はコンビニか民宿「桂月荘」で購入のこと。クマ除けの鈴は必携。近年は周辺での目撃情報が特に多く、実際に筆者も6月（平成27年）に至近距離で遭遇した経験あり（嶋脇）。

美しい山水に育まれたイワナ

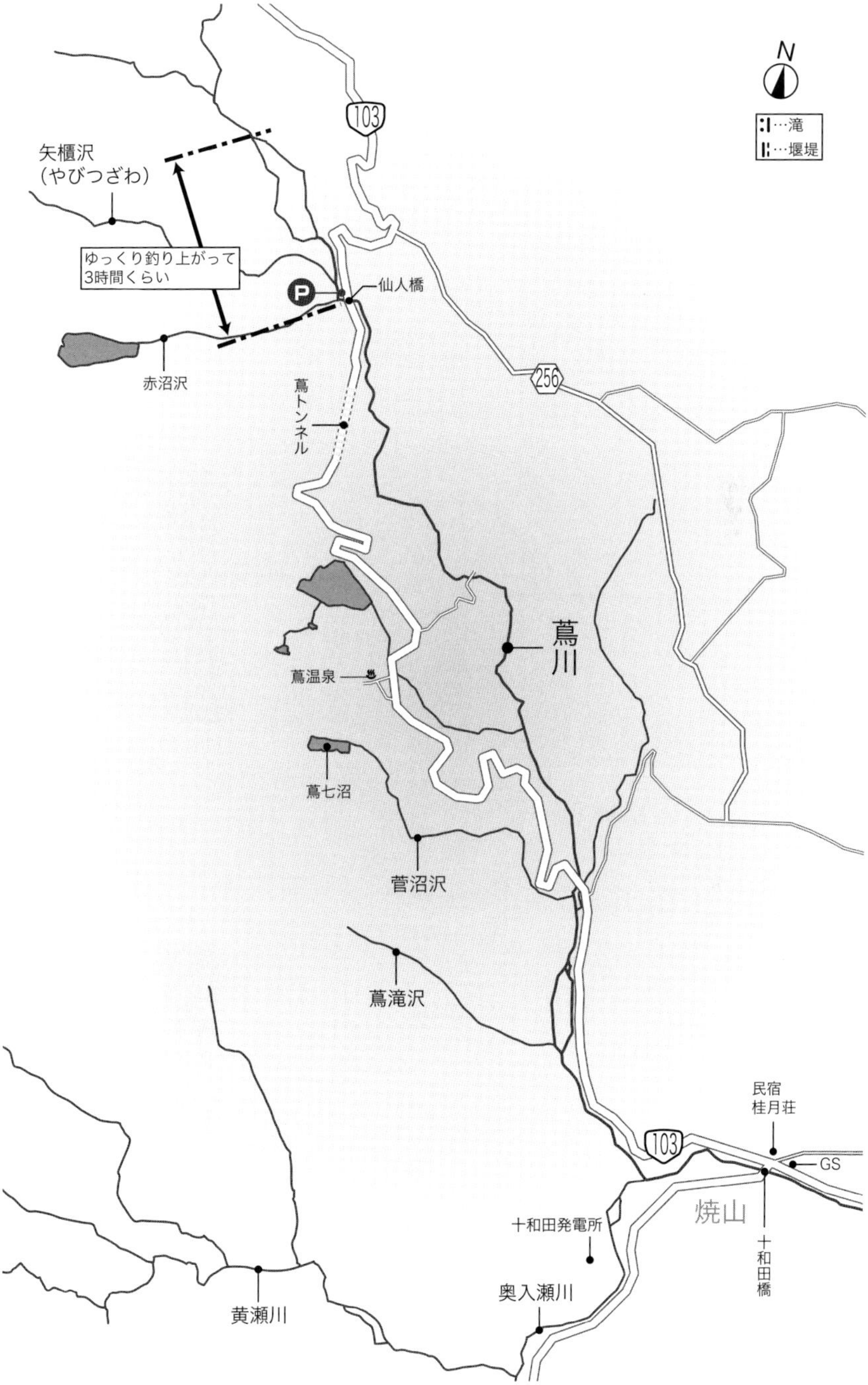
N
:|…滝
|:…堰堤
103
矢櫃沢
（やびつざわ）
ゆっくり釣り上がって
3時間くらい
P
仙人橋
赤沼沢
256
蔦トンネル
蔦川
蔦温泉
蔦七沼
菅沼沢
蔦滝沢
民宿
桂月荘
103
GS
焼山
十和田発電所
十和田橋
奥入瀬川
黄瀬川

奥入瀬川水系

黄《おう》瀬《せ》川

日本の滝百選「松見ノ滝」が奥に控える開けた渓
釣り人の人気が高く先行者次第で魚の付き場が変わる

雪代が治まり、たくさんのカゲロウが羽化を始める6月、奥入瀬川支流の黄瀬川はフライフィッシングに最高の季節を迎える。特にドライフライのファンは待ちに待った時である。

黄瀬川は八甲田山系の1つ乗鞍岳の西側を水源とし、幾筋かの沢の水を集めて奥入瀬川に合流する。その流れには日本の滝百選に選ばれている松見《まつみ》ノ滝があり、ハイカーにも人気がある。秋の紅葉の時期には奥入瀬渓流同様、素晴らしい風景を楽しめる。しかし、松見ノ滝までは片道9㎞の道のりで往復6時間はかかり、それなりの体力も必要だ。

本流合流点より200m付近の流れを見る。秋には本流からソ上した良型にも出会える

ドライフライに飛び出たヤマメ

●増水後と秋は下流部もねらいめ

川までの行程だが、国道102号を十和田市内から八甲田方面に走り、十和田湖温泉郷（焼山地区）のガソリンスタンドを左折する。黄色信号の点滅に注意して十和田橋を渡り十和田湖方

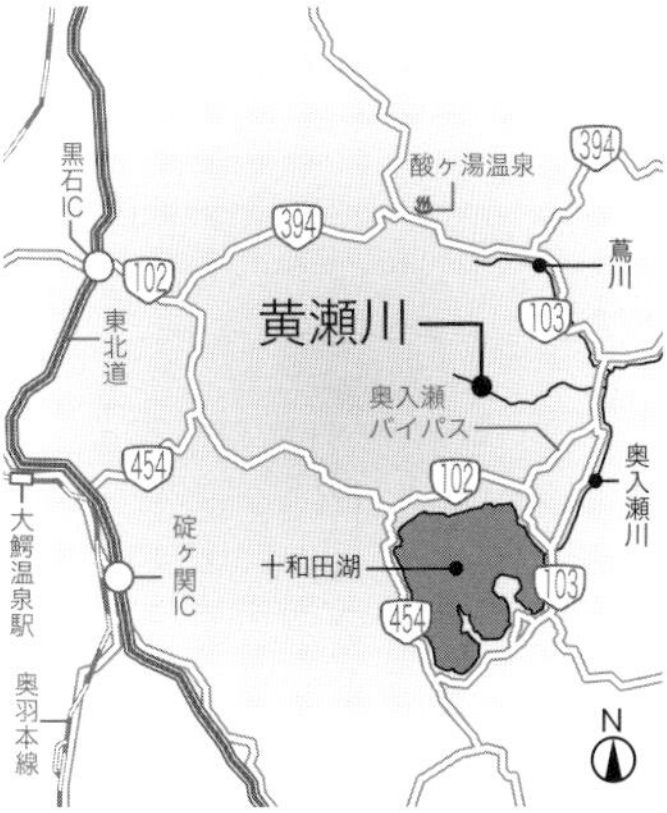

information

●河川名　奥入瀬川水系黄瀬川
●釣り場位置　青森県十和田市
●主な対象魚　イワナ、ヤマメ
●解禁期間　4月1日～9月30日
●遊漁料　日釣券800円・年券5200円（バッチ代込み）
●管轄漁協　奥入瀬川漁業協同組合（Tel0176-72-3933）
●最寄の遊漁券発売所　サークルK十和田相坂店（Tel0176-21-2466）
●交通　東北自動車道・黒石ICを降り国道394号で酸ヶ湯温泉方面へ進み、国道103、102号で黄瀬川へ。本文中に他ルートあり

面へ。十和田橋から約2・3㎞地点を右折すると、すぐに奥入瀬川をまたぐ橋があり、それを過ぎると林道になる。林道に入り100mほど進むとゲートがあり、右側のスペースに車を停め、そこからは歩きになる。

　また、東北自動車道・十和田ICからは、国道103号を大湯温泉経由で十和田湖方面へ進む。大湯温泉上流の中滝集落付近の三叉路を左折し発荷《はっか》峠へ向かう。峠からつづら折りを下り十和田湖畔へ。十和田湖面を左手に見ながら、休屋から子ノ口へ。子ノ口を右折して、奥入瀬渓流沿いに下ること約10㎞、焼山地区からは2・3㎞の地点を左折して橋を渡り、林道を進んで黄瀬川上流に向かう。

　川へのアプローチは流れを右に見ながら歩き、下りられる場所からの入渓となるが、谷が深い所もあるので充分に注意されたい。私の場合はゲートから林道を20分ほど歩き、第2堰堤の上

本流合流点から１つめの堰堤。ソ上した魚が溜まるポイントだ

奥入瀬川との合流点を望む

松見ノ滝までは片道９km の道のり。健脚向きの渓といえる

ゲートより 1.5km 付近の流れ。開けた渓相でフライも釣りやすい

流部から釣り始めることが多い。

また、本流が増水した数日後は、出合から入渓して第１堰堤まで探ってみるのもよい。この区間は、秋には本流からソ上した良型に出会えるチャンスもある。

●その日の付き場を把握する

エサ釣りの参考にもなると思うのだが、フライは春から初夏にかけて雪代がすっかり治まってからは14～16番のメイフライ（カゲロウ）、夏から秋はカディス（トビケラ）12～14番か、陸生昆虫の10～14番で釣り上がる。ボディーの色にはそんなに神経質にならなくてもいいようだ。

ここは十和田湖や蔦温泉などの観光地も近く、エサ、ルアーの釣り人も多い川なので、夏は特に厳しい釣りになる。フライは、パターンや色の選択よりも釣り人の影響のほうが大きいだろう。先行者のプレッシャー（釣り方）

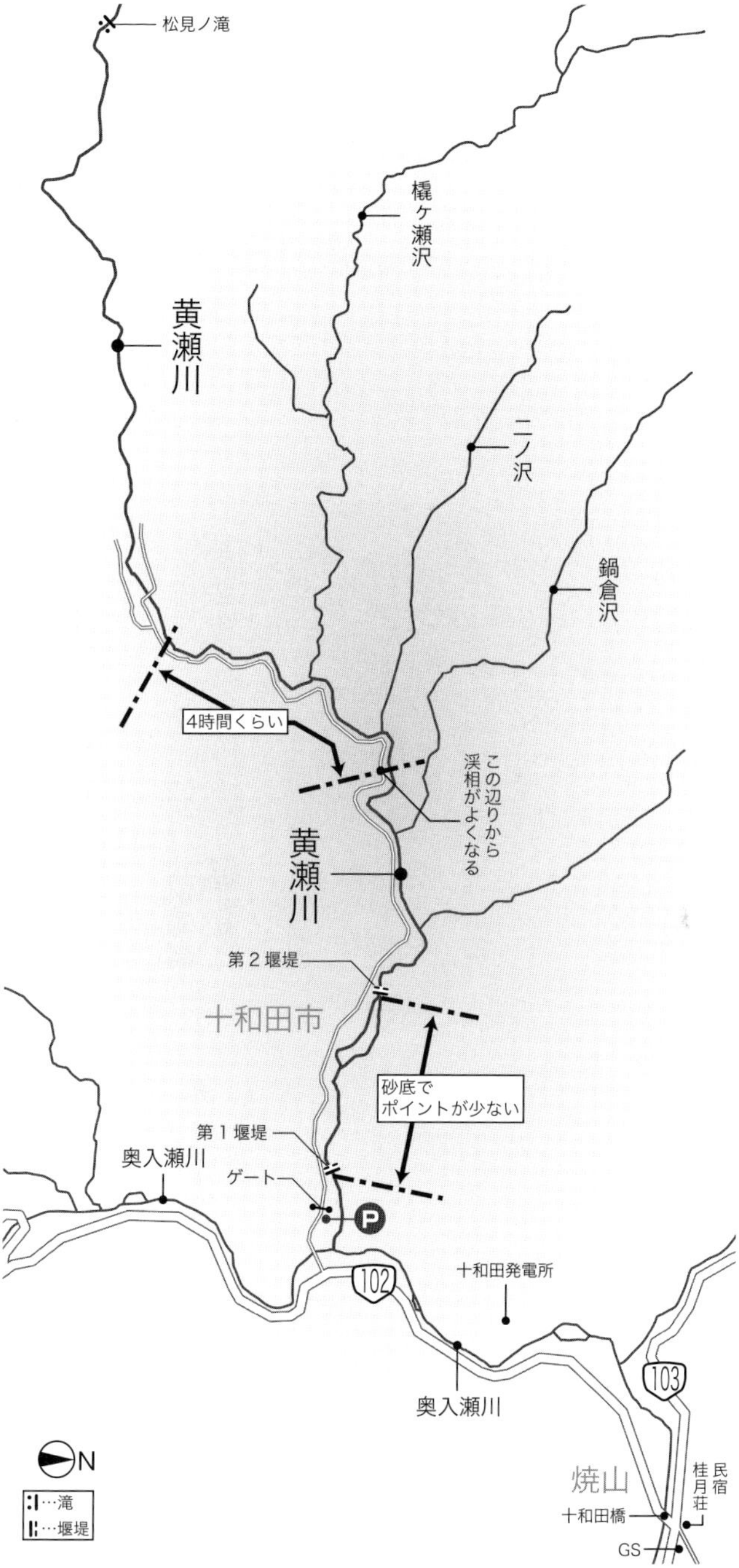

によって、魚の付き場が岩の後ろ、手前、脇など異なってくる場合があるので、その日の付き場を見極めることが大事である。それでも釣果が芳しくない時は、奥入瀬川本流に移動するか、私は近くの焼山温泉に駆け込むことにしている。

　地元民の私たちにとっては嘆かわしいことだが、近年車上荒らしの被害が相次いでいるので、対策は充分にして頂きたい。クマもいるのでクマ鈴は必携。滑落事故も発生している。川への降り口や、遡行中はもちろん、帰りの林道でも足元には充分に注意して安全に釣りを楽しんでほしい（嶋脇）。

馬淵川水系

熊原川《くまはら》

季節の水生昆虫の釣りが楽しめるニンニクの里の渓 開けた里川の流れはフライロッドも振りやすい

熊原川の源流は、青森・秋田・岩手3県の県境にまたがる中岳（1024m）で、青森県三戸郡田子町を国道104号（秋田街道）沿いに東流し、三戸町中心街で馬淵川に合流する。馬淵川は、さらに北東に流れ、青森県八戸市で太平洋に注いでいる。馬淵川本流は、夏場はアユ釣りに人気の河川だ。

熊原川は開けた渓相で、4月中旬には雪代が終わり、ゴールデンウイーク辺りからシーズンを迎える。

●入渓は本・支流2つの選択肢

佐羽内《さばない》から関《せき》にかけての中流部は、開けていてロッドが振りやすい。関のやや下流の道前《どうぜん》地区で、熊原川に架かる道前橋から上流を見て右の流れが本流、左の流れが支流の杉倉川だ。その日の川の状態や先行者の有無で、どちらに入るかを決めるのがよいだろう。

本流の関から上流の夏坂集落までは、農業取水用の低い堰堤が所々にあり、増水後や秋口には良型ヤマメのポイントになる。

支流の杉倉川は、遠瀬《とおせ》・新田《しんでん》を経て花木ダムに至るが、個人的にはこちらの流れが好きで、釣れるヤマメの体色も気に入っている。

ポイントは、フライの場合、アシの根元や岸際ギリギリの「こんなところ

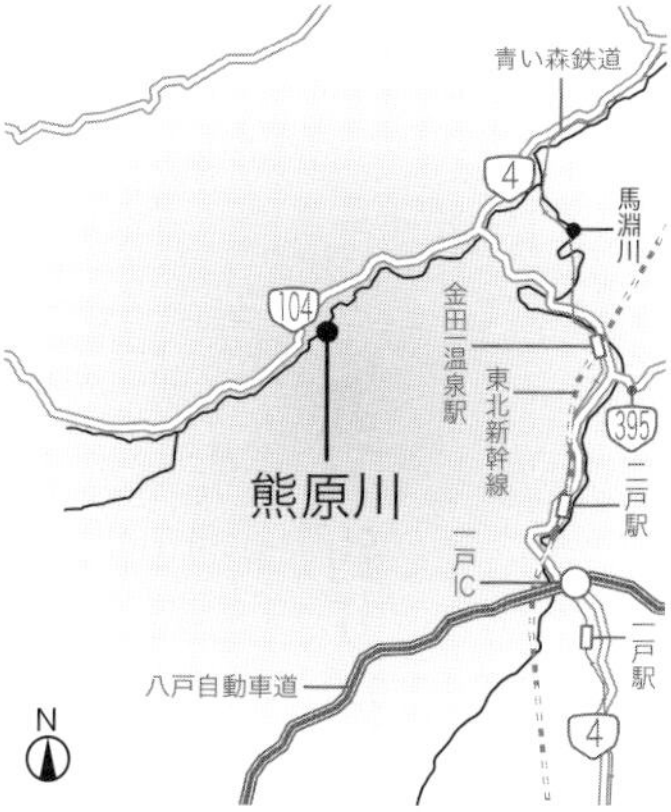

information

●河川名　馬淵川水系熊原川
●釣り場位置　青森県三戸郡田子町
●主な対象魚　イワナ、ヤマメ
●解禁期間　4月1日～9月30日
●遊漁料　日釣券500円・年券3000円
●管轄漁協　三戸漁業協同組合（Tel0179-22-2868）
●最寄の遊漁券発売所　モリシン商店（Tel0179-32-2473）
●交通　八戸自動車道・一戸ICを降り、国道4号で三戸方面へ。三戸町から国道104号で熊原川へ

夏坂地区の流れ。農業取水用の低い堰堤が所々にあり、
増水後や秋口には良型ヤマメが期待できる

から？」と思うような場所からフライを追いかけてくることもある。

以前は、イワナとヤマメが混生の流れであったが、現在釣れるのはほとんどがヤマメである。

フライは、春先～初夏はメイフライ（カゲロウ）の14～16番、初夏はストーンフライ（ミドリカワゲラ）14番、真夏にはカディス（トビケラ）に移行し14番、スレているようなら16番にサイズを落とす。

8月頃になると、カディスのハッチ（羽化）が多くなることと、もっぱらイブニングの釣りになることから、前記した低い各堰堤のポイントでエルクヘア・カディス（トビケラ成虫を模したフライ。自然に流したり、操作するのも効果的）を使用することが多い。

●川沿いに農道、林道が走る

田子町は、ニンニクの生産で有名である。7月頃はニンニクの収穫が最盛

熊原川上流の渓相。多少の落差は
出てくるが里川の風情を残す

関地区の渓相。河原はないが
流れの上は開けている

杉倉川中流域。右岸に林道が整備
されているので入渓しやすい

フライに出た熊原川のヤマメ

期となるため、匂いが苦手という方は、この時期の釣りは避けたほうが賢明である。

岩手県と秋田県に隣接する田子町は、前記した花木ダムの右岸に沿って林道を進むと、県境を越えて岩手県八幡平市の根石川や切通川（米代川上流）に通じる。

また、熊原川上流の夏坂集落から通称・しらはぎラインのワインディングを上り、白萩平《しらはぎたい》を経て秋田県に入るとすぐに大湯川（こちらも米代川の上流）に出る。3つの県をまたいでポイントを探るのも一興だろう。

ポイントへのアクセスは、川沿いに熊原川の左岸には国道と並行して農道が、杉倉川右岸に林道が整備されているが、釣りシーズンとなる4月下旬からは代掻きや田植えが始まり、またシーズンを通して畑作業の車が頻繁に通るため、農作業の邪魔になるような駐車はくれぐれも控えること。

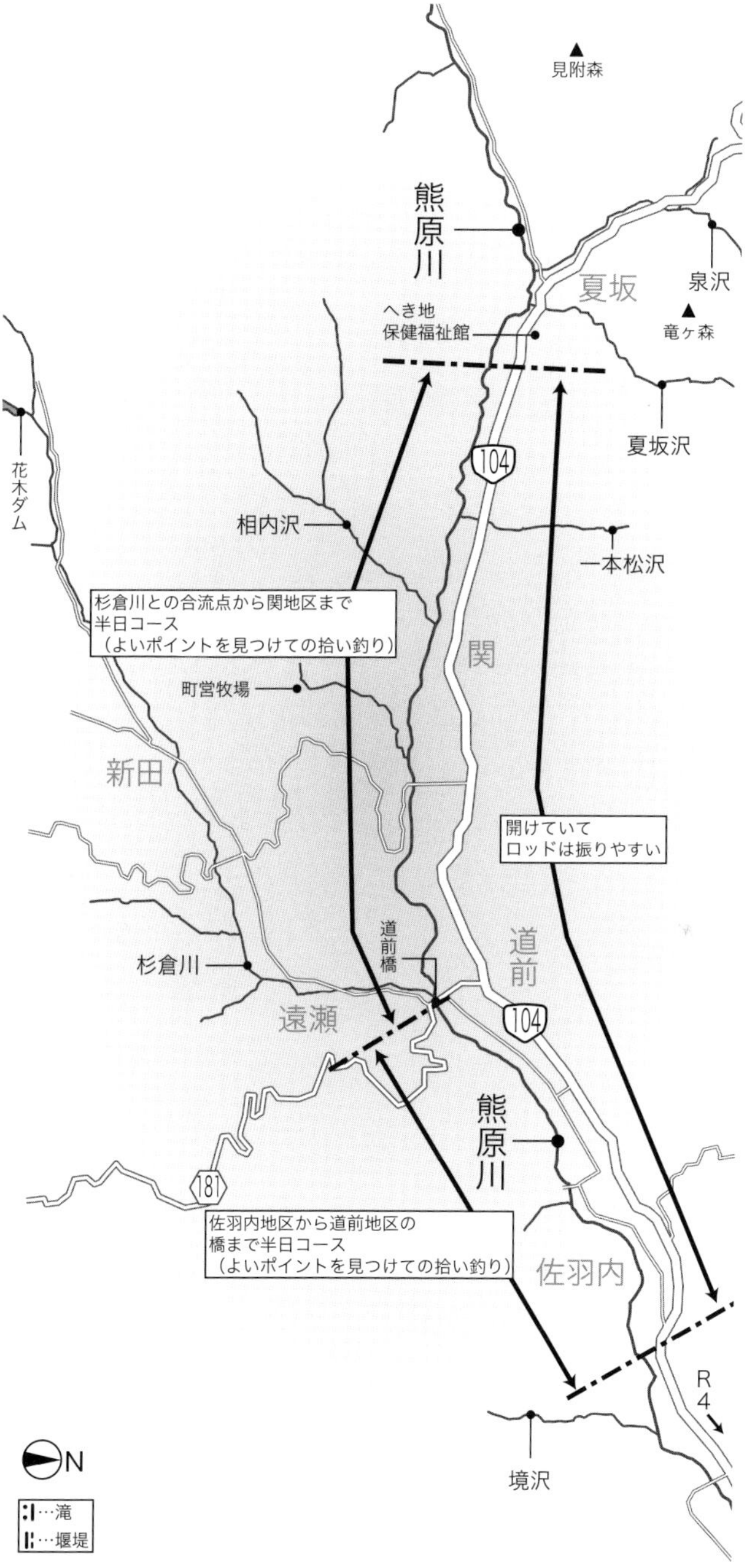

関周辺を探るのであれば国道１０４号沿いに整備された「ゆとりの駐車帯」に駐車するのが無難だろう。

クマの目撃情報もあり、地元住民は慣れたようすではあるが、集落外れの林道では出会いがしらに気を付けて行動していただきたい。

最後に、熊原川へのアクセスだが、八戸自動車道の岩手県一戸《いちのへ》ICを降り、国道４号を北上して青森県境を越え、青森県三戸《さんのへ》町の三戸橋を渡り、すぐに側道から左折して、国道１０４号を田子町方面へ向かう（嶋脇）。

乳穂ヶ滝付近の渓相。開けた流れが続く

岩木川水系

岩《いわ》木《き》川

ダム下の本流は大ヤマメ、源流部はイワナねらい 入渓する川ごとにシーズン、仕掛け、エサ等を意識する

岩木川は白神山地を源流とし、西目屋村、弘前市、五所川原市と津軽平野の田園を潤す延長102㎞の大河川。渓流釣り場としては弘前市郊外から上流部となる。

源流となる大川、大沢川、湯ノ沢川の3河川は白神のブナ原生林が育む天然イワナの魚影が多い。しかしながら、既存の目屋ダム（美山湖）のすぐ下流に、堤高が目屋ダムの倍ほどある津軽ダムが新設され平成28年から湛水が開始されるため、釣り場がさらに水没、縮小する。

この川を「いい川」として紹介するには恥じらいを覚えるが、世界遺産・白神山地の保護をうたい、一方で行なわれる大規模な自然破壊を目の当たりにし、自然との共生とは何かを考えるにはいい川である。

ダム下の本流は大石が多く、荒瀬と淵が交互するダイナミックな流れで、大ヤマメが潜む。これまで、目屋ダムから鷹ノ巣橋上流の旧発電所放水口までは取水により水流がほとんどなかったが、平成28年からは津軽ダム本体で発電するため、この区間の水量が復活する。そのほか、相馬川合流点下の続合頭首工まで大場所が点在しており、各所を車で拾い釣りするのがよいだろう。

全体の釣期として、5月下旬から6月中旬の雪代終了期がメイン。ダム上は5月下旬、ダム下は濁りが取れてくる6月中旬が最盛期だろう。

その後、ダム上は水量減少とブッシュで釣りづらくなり、夏期はアブで釣

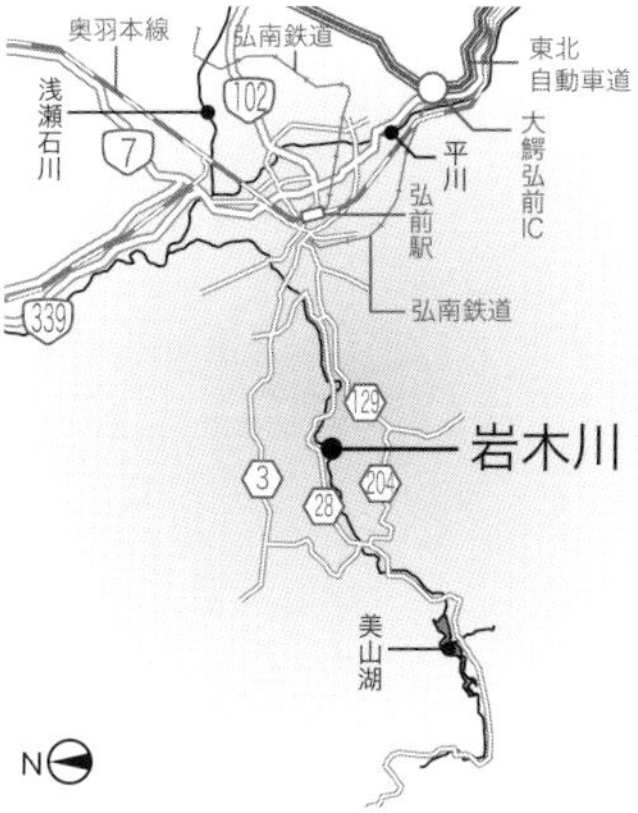

杭止頭首工下流の流れ（増水・濁り時）

information

●河川名　岩木川水系岩木川
●釣り場位置　青森県弘前市～中津軽郡西目屋村
●主な対象魚　イワナ、ヤマメ
●解禁期間　4月1日～9月30日
●遊漁料　日釣券1000円・年券4000円
●管轄漁協　岩木川漁業協同組合（Tel0172-33-0309）
●最寄の遊漁券発売所　上州屋弘前店（Tel0172-27-9815）、県道28号沿いのサークルK、ローソンなどでも取扱あり
●交通　東北自動車道・大鰐弘前ICを降り、国道7号、県道28号で岩木川へ

高野橋より下流の渓相（増水・濁り時）

りにならなくなる。ダム下は水温上昇とハヤがうるさくなり厳しくなる。9月には再度魚が動き出し、大ものねらいも可能。

そのほか、ダム下で合流する平沢川、相馬川でも中型のヤマメがねらえるが、ボサに囲まれた狭い流れのため、釣期は限られる。平沢川は雪代終了が早く、ほかの川が釣りにならない5月上旬の逃げ場として釣行できる。相馬川は雪代が出る前、解禁当初の冷え込んだ朝にヤマメがねらえる。以後は水量が減り、ボサが伸びて釣りづらい。

●統合頭首工～鷹ノ巣橋

ダム下の釣り場は、平成27年時点では水量がある統合頭首工から鷹ノ巣橋まで。各所に点在する荒瀬の落ち込みを車で移動しながらねらうとよいだろう。統合頭首工上流、杭止頭首工下流、平山橋～米ヶ袋橋、堰口橋上流、乳穂ヶ滝付近、鷹ノ巣橋上下と大場所はた

鷹ノ巣橋から上流の旧発電所を望む（増水・濁り時）

米ヶ袋橋より上流を望む（増水・濁り時）

くさんある。

８ｍ以上の本流ザオと太イト、太キヂや大型ブドウ虫でねらいたい。釣期は６月の雪代終了後。その後も増水の度に濁りが長く続くため、澄んだタイミングをねらうとよい。サオが入りにくいので、そのぶん超大ものの可能性が充分ある。

●湯ノ沢川

下流から向かうとダム上で最初に流入するのがこの川。川沿いに林道が走り、秋田県藤琴川まで抜けられるが一般的には使用しない。中流にある採石場まではダンプの往来が激しい。採石場のすぐ先に冬季閉鎖のゲートがあり、解除は平年で６月中旬以降。メインシーズンは徒歩での遡行となる。

ゲートから１㎞ほど上流に旧尾太鉱山の浄化施設があり、釣りはここより上流としたい。浄化施設から下流も魚影はあるが、たまに漏水事故も起きているため食べるのは避けたい。ここから先、ポイントはふんだんにあり、各落ち込みにイワナが付いている。釣り場は意外と開けており、６ｍ前後のサオが振れる。尺オーバーが出るのでイトは安全な０・６号以上としたい。

●大沢川

水質は透明度が非常に高く清冽な流れであるが、貧栄養でもあるため魚はさほど太くない。魚と水の美しさを楽しむ渓といえよう。谷が深く、林道から降りるには相当急斜面で入退渓地点が限られるためベテラン向き。林道も崩れており、バックウオーターから１㎞ほどで車止となる。

バックウオーターから最初の堰堤までは遡行が容易だが、川は工事で荒らされておりポイントは少ない。そのすぐ上流にある２つめの堰堤から３つめの堰堤までは絶壁に囲まれ、入退渓が困難だ。ビギナーの入渓は避けたい。

湯ノ沢川・浄化施設上流の流れ。６ｍ前後のサオが振れる

湯ノ沢川の尺イワナ

大沢川・バックウオーター上流。ここから最初の堰堤までは遡行が容易

大川の流れ。短い区間だがイワナの魚影は多い

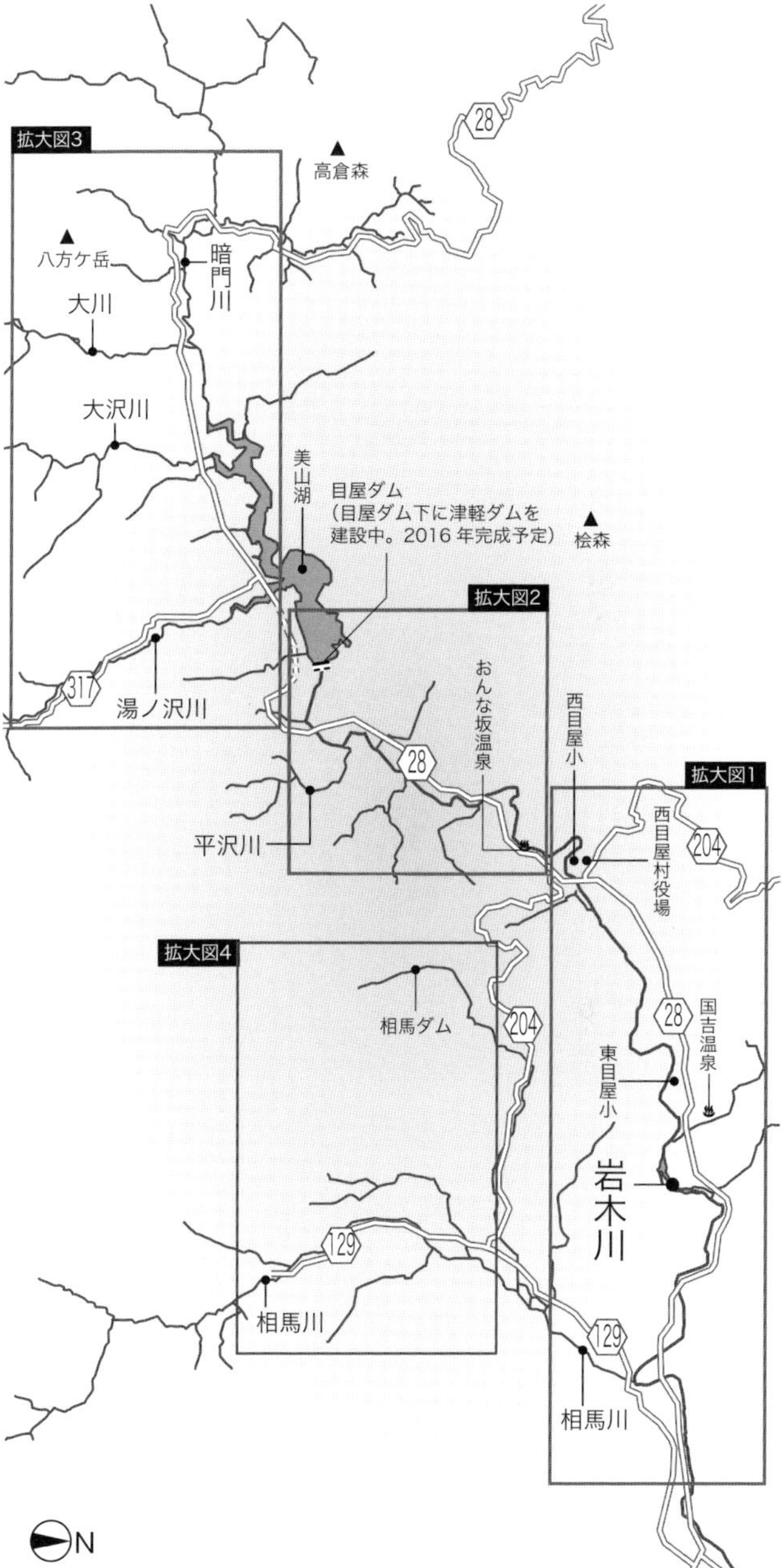

相馬川の流れ

平沢川。雪代時の逃げ場になる

3つめの堰堤の上で二股となる。合流点のすぐ上に低い橋が架かり入渓はしやすいが、ここまで車止から3km以上あるため、相当体力を要する。川が分かれてからは水量が少ないため、雪代の終わり頃が釣期である。

●大川

本流の源流となるが、暗門川合流点から2kmほど上流にある堰堤までの短い区間が釣り場となる。堰堤から上流は白神山地の保護区域のため禁漁である。平成28年からは下流部がさらにダムに水没し、1kmほどしか釣り場がなくなる。保護区域から落ちてきた太いイワナが釣れるため、非常に惜しまれるところだ。

入渓は暗門川合流点の上流にかかる旧道と、林道を1kmほど進んだ所にある駐車地点からできる。短い区間だがイワナの魚影が多く、楽しませてくれるだろう。なお、暗門川はバックウオーターからすぐ上流の堰堤で禁漁となるため釣り場はほとんどない。

●平沢川、相馬川

平沢川は雪代が早く終わるため、ゴールデンウイーク頃にほかの河川からの逃げ場になる。合流点付近からポイントが点在するので、川沿いに走る林道から上り下りして拾い歩く釣りになる。渓は狭く、6m以下のサオで短めに仕掛けをセットする。

相馬川は、中流部は護岸の間にアシが密生した流れのため釣りづらい。関ヶ平橋上流から護岸が切れ、渓流釣りの趣が出てくる。4月当初の雪代が出ていない朝か、5月の雪代終了時を流したい。その後はボサで狭くなり釣りづらくなる。林道は平成27年時点、崩壊のため関ヶ平橋先で通行止となっている（村田）。

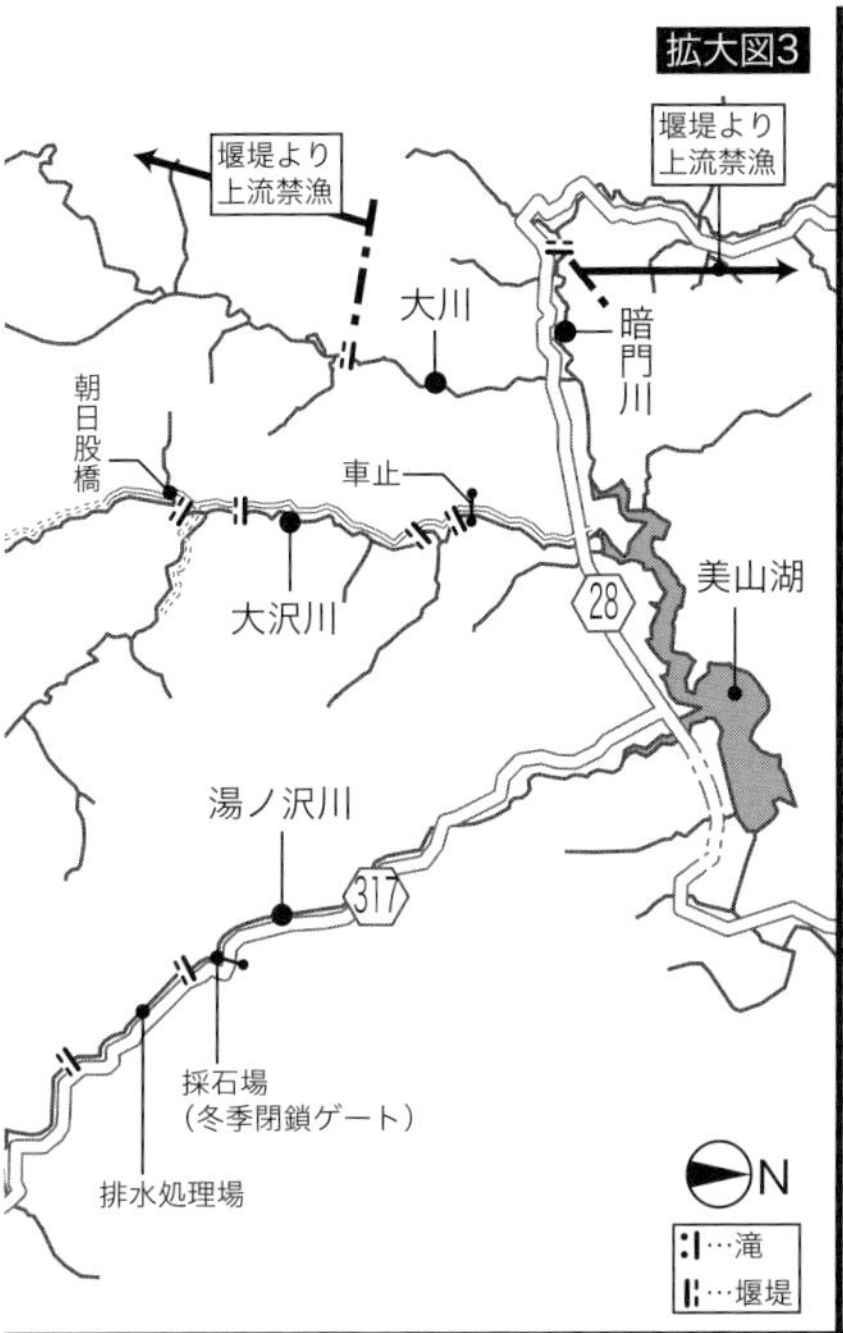
拡大図3
堰堤より
上流禁漁
堰堤より
上流禁漁
大川
暗門川
朝日股橋
車止
大沢川
28
美山湖
湯ノ沢川
317
採石場
(冬季閉鎖ゲート)
排水処理場
N
…滝
…堰堤

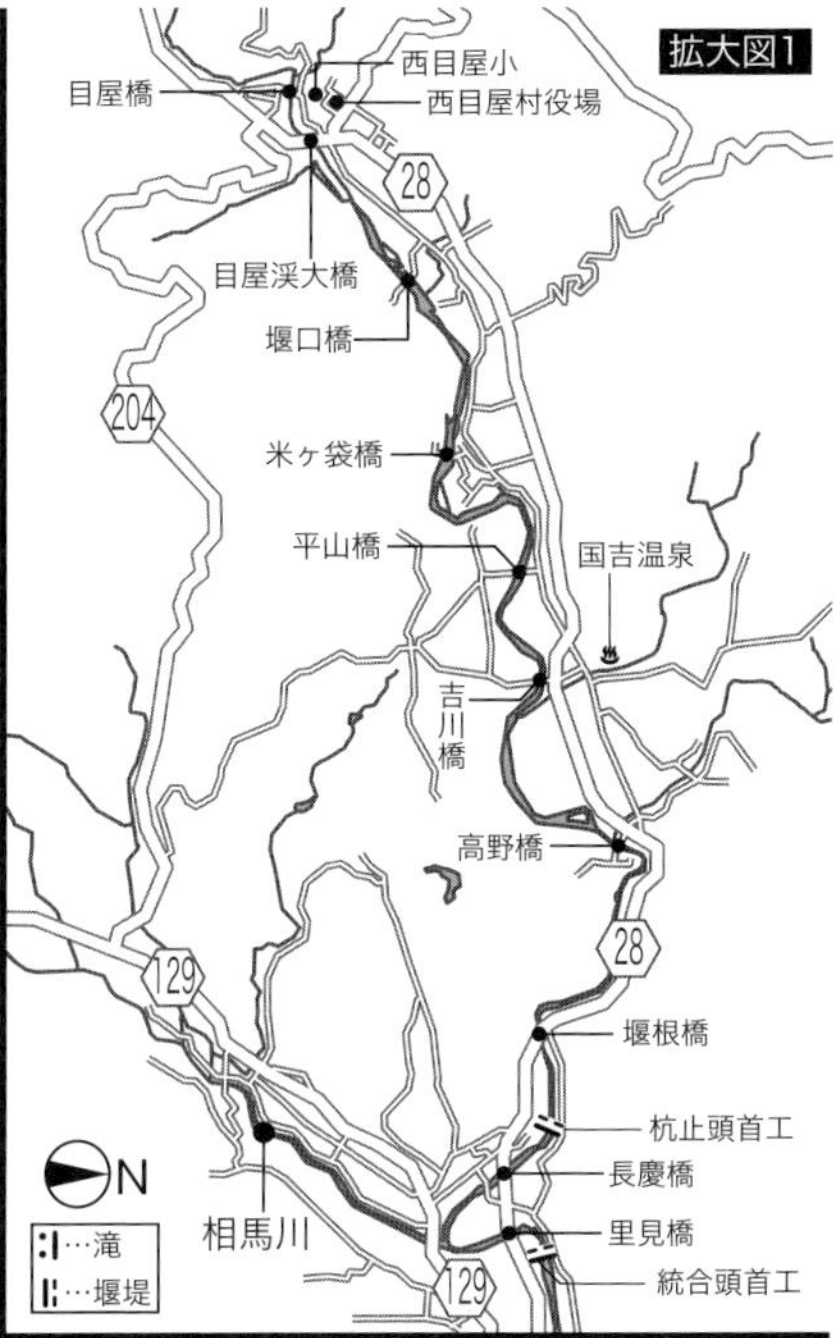
拡大図1
目屋橋
西目屋小
西目屋村役場
28
目屋渓大橋
堰口橋
204
米ヶ袋橋
平山橋
国吉温泉
吉川橋
高野橋
28
129
堰根橋
杭止頭首工
長慶橋
相馬川
里見橋
統合頭首工
129
N
…滝
…堰堤

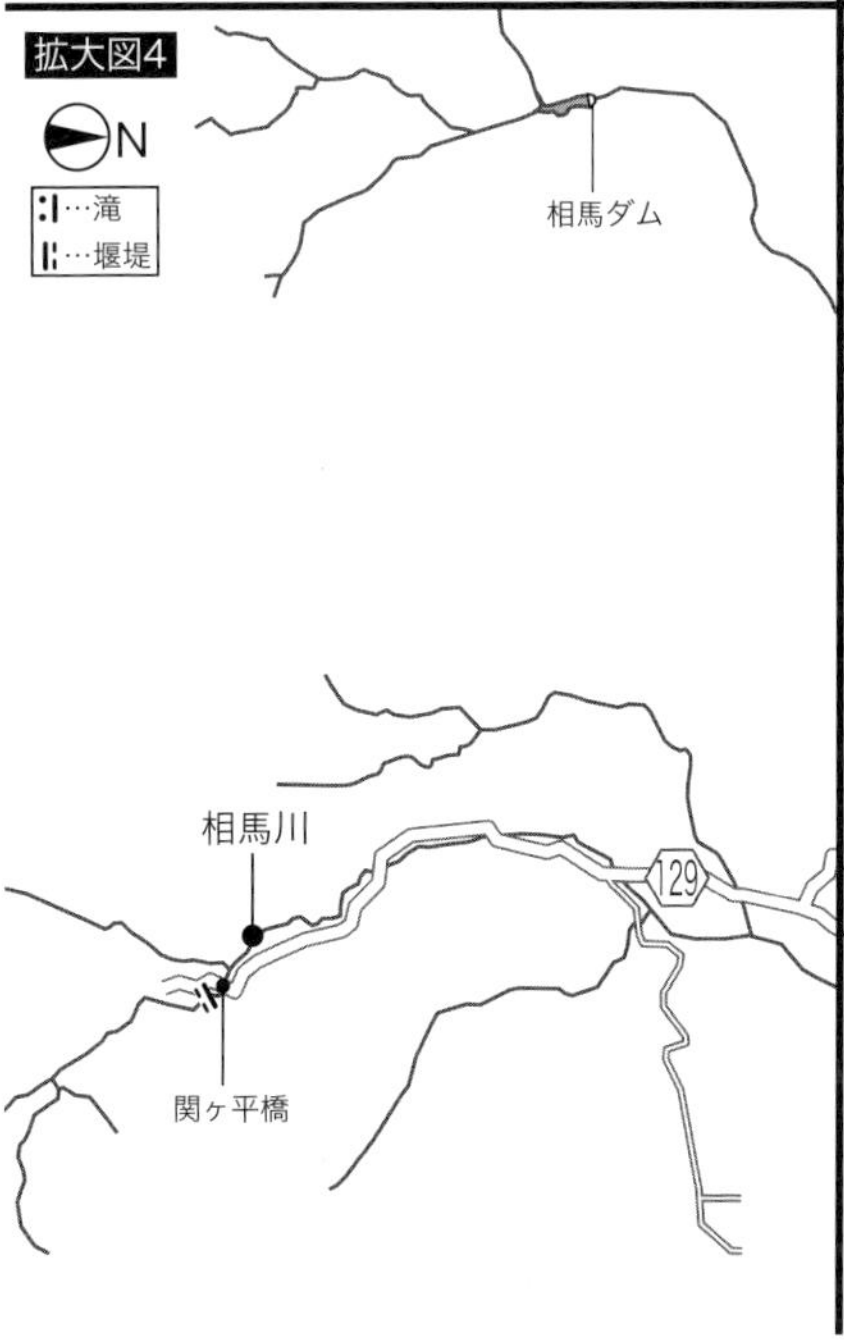
拡大図4
N
…滝
…堰堤
相馬ダム
相馬川
129
関ヶ平橋

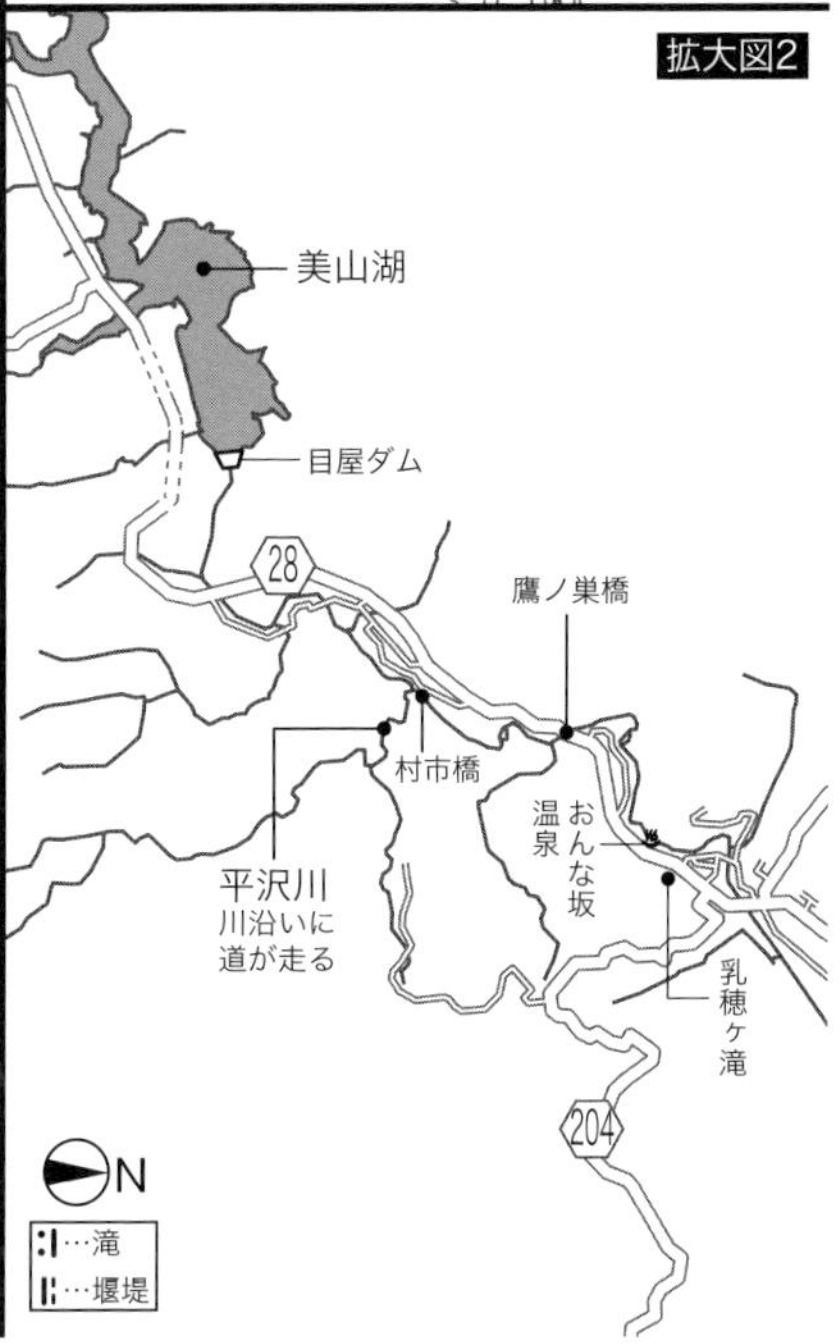
拡大図2
美山湖
目屋ダム
28
鷹ノ巣橋
村市橋
平沢川
川沿いに
道が走る
温泉
おんな坂
乳穂ヶ滝
204
N
…滝
…堰堤

岩木川水系

浅《あ》瀬《せ》石《い》川《し》

源流域から本流の大ヤマメまで多彩な釣り場を擁する
ダムを境に上下流で釣趣の異なる流れ。釣行後の温泉も楽しみ

ダム上となる昭和平橋上流500m付近の渓相。
河原もあり遡行しやすい流れ

●ダムを境に趣が異なる

浅瀬石川は南八甲田から十和田湖西側のブナ林を源流とし、平川市山間部、黒石市、田舎館村を流れ、弘前市で平川、岩木川に合流する。流域に広がる黒石温泉郷は風情がある。

本流は浅瀬石川ダム（虹の湖）で分断され、ダムの上流と下流で大きく趣が異なる。ダム上は澄んだ流れで渓相が美しく、気分よく釣りを楽しめる川。国道沿いで入渓しやすいが、釣り荒れやすいこともあり魚影は若干少ない。沢から落ちてきた天然のイワナに、たまに稚魚放流のヤマメが混じる。型はまばら。小型がメインだが、たまに尺前後のイワナも掛かる。

支流も多く、各沢でイワナがねらえる。滝ノ股川は本流と水量を二分し、側道もない深い谷筋の川で、合流点から釣り上がるには本格的な源流釣りスタイルとなる。青荷川もダムのバックウオーターから釣り上がるのは谷が深

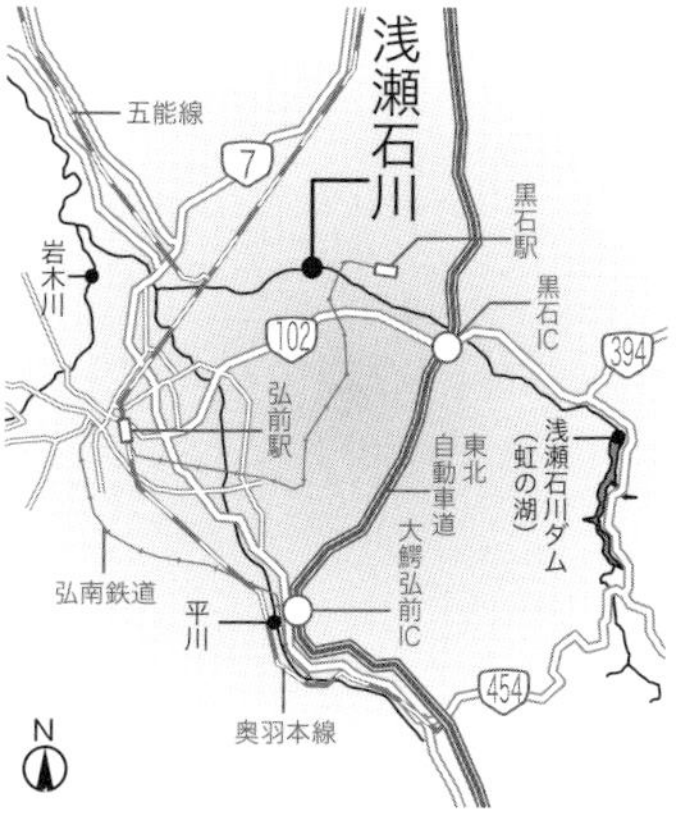

information

●河川名　岩木川水系浅瀬石川
●釣り場位置　青森県平川市～黒石市
●主な対象魚　イワナ、ヤマメ、ニジマス
●解禁期間　4月1日～9月30日
●遊漁料　日釣券400円・年券3000円
●管轄漁協　浅瀬石川漁業協同組合（Tel0172-52-2946）
●最寄の遊漁券発売所　オオタニ釣具店（Tel0172-53-3514）
●交通　東北自動車道・黒石ICを降りてすぐ。国道102号が十和田湖方面まで川沿いに走る

く危険。上流の青荷温泉まで林道を進むと、その前後は入渓しやすい。

ダム下は、水質は劣るものの魚影は意外に多く、実は浅瀬石川のヤマメ釣りといえばこのダム下がメインとなる。アシが密生した流れに底石が詰まっていてヤマメ、ニジマスが幅広に育ち、本流大ものの釣りの醍醐味がある。

9月のソ上期には尺上の大ものがねらえる。ただしアシ際から水深があり、底石も滑りやすく遡行に注意が必要。なお、下流域に高い堰が多く、サクラマスなどのソ上魚は期待できない。

ダム下で合流する支流・中野川は入渓しやすい里川で、ヤマメがねらえるがハヤも多い。

釣期としては、4月の解禁当初は、冷え込んだ朝に雪代が少ない沢でイワナがねらえるが、本流は雪代が終わるまで濁流となり釣りは不可能。本格的な釣期は雪代が治まる5月下旬～6月上旬となる。

下流より落合大橋を望む。水量豊富で大場所が多く大ものが潜む

昭和平橋から上流側。ここからダム上の釣り場が始まる

ダム下で釣れたヤマメ

なお、ダム下流は5月下旬から田に水を引くため、頭首工ごとに水量が一気に落ちる。このため、下流から順に釣りが可能となっていく。渇水期に入ると、ダム下はアシが伸びて釣りづらくなるうえ、ハヤがうるさくなる。

ダム上のハヤは、つばくら橋脇の堰堤までしかいないが、その上流も渇水と釣り荒れで釣果は期待薄。

9月のソ上期には、ダム下でアシに守られていた大ものが動きだす。増水後はソ上が止まりそうな大場所をねらいたい。

●第一頭首工下流〜温湯頭首工

黒石市街の浅瀬石橋から第一頭首工までは1㎞もないが、田への取水が始まるとダム下では最も早く釣りが開始できる区間だ。5月下旬の水位が落ちるタイミングを見逃さず釣行したい。第一頭首工下流200m、上流100mは禁漁なので注意。

第一頭首工から上流は、ブロックの河床止め堰堤が点在し、瀬とトロ瀬が繰り返す区間。ポイントが多く、探りきろうと思えば1日かかる。アシが密生し、掛かった魚を遊ばせると潜られて切られるため、極細イトでの釣りは難しい。不意の大ものを逃さないためにも0・25号以上はほしい。

　メインシーズンは雪代が治まる6月。それ以後はアシが伸びて釣りづらくなる。クロカワ虫をエサにすると数が伸びるだろう。温湯《ぬるゆ》頭首工下流200m、上流100mは禁漁。

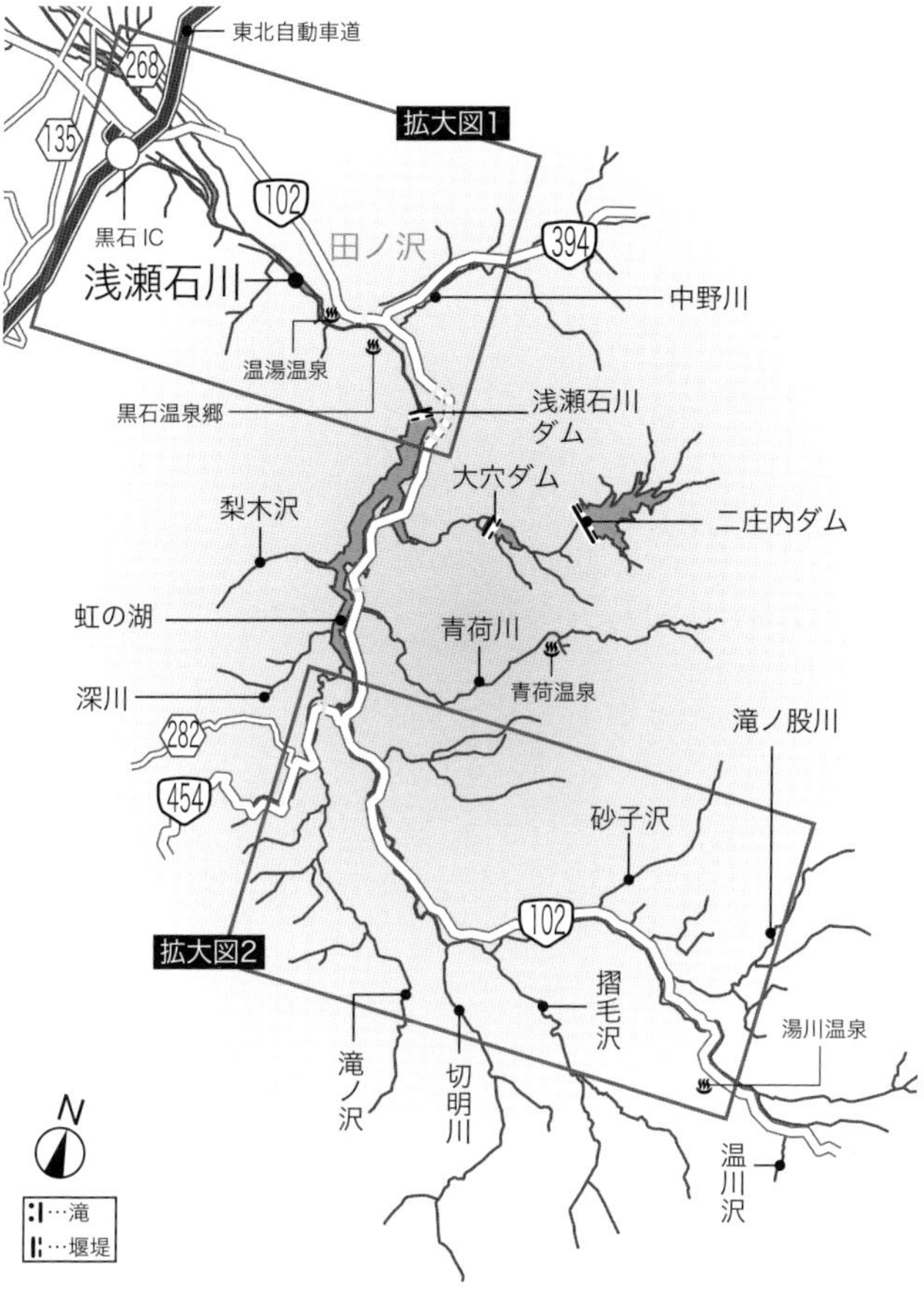

●温湯頭首工～ダム下

　水量豊富で大場所が多い区間。尺をはるかに超える大ものに出会う可能性がある。深みを8m以上の本流ザオでねらいたい。イトは超大ものに備えて0・6号以上を使い、後悔のないようにしたい。

　護岸が高く、入川は護岸に付いた階段、ハシゴを利用する。水量が多いため川通しでの遡行は危険な時もある。無理に川切りせず、こまめに車移動を繰り返したほうがよいだろう。

　水量が落ち着く6月中旬には幅広のヤマメが数釣れるほか、イワナの超大ものも可能性がある。9月には中野川合流点前後でソ上してきた大ものがねらえる。ダム下流300mは禁漁なので注意。

井戸沢橋から上流を望む。中型のヤマメ、イワナがメインだが大型も掛かる

葛川地区に架かる吊り橋から上流を望む。好渓相が続く

ダム上で釣れたイワナ。岩盤やテトラの際の深みで大ものの可能性もある

滝ノ股川合流点。正面奥が本流。各落ち込みをチョウチン釣りでねらう

●バックウオーター～葛川堰堤

バックウオーターから、つばくら橋脇の堰堤まではハヤが多く、渓魚は薄い。９月にダム湖からソ上した大ものがねらえなくはないが、可能性は低い。ダム上の渓流釣りは実質的に昭和平橋から上流と思ったほうがよい。

昭和平橋から清流橋までは、河原もあり遡行しやすい流れ。深い淵はあまりないが落ち込み、掘れ込みをねらいたい。清流橋～葛川堰堤間は途中に入川個所がなく、川通しで遡行する。

魚は中型のヤマメ、イワナが多く、７ｍ前後の軟調本流ザオと細イトのゼロ釣法で遊びやすい区間。葛川堰堤下流２００ｍ、上流１００ｍは禁漁。

●葛川堰堤～滝ノ股川合流点

この区間は好渓相が続くダム上のメインフィールド。河畔林も被さる所が多くなり、雰囲気がよく癒される流れである。６ｍ前後のサオでスタンダー

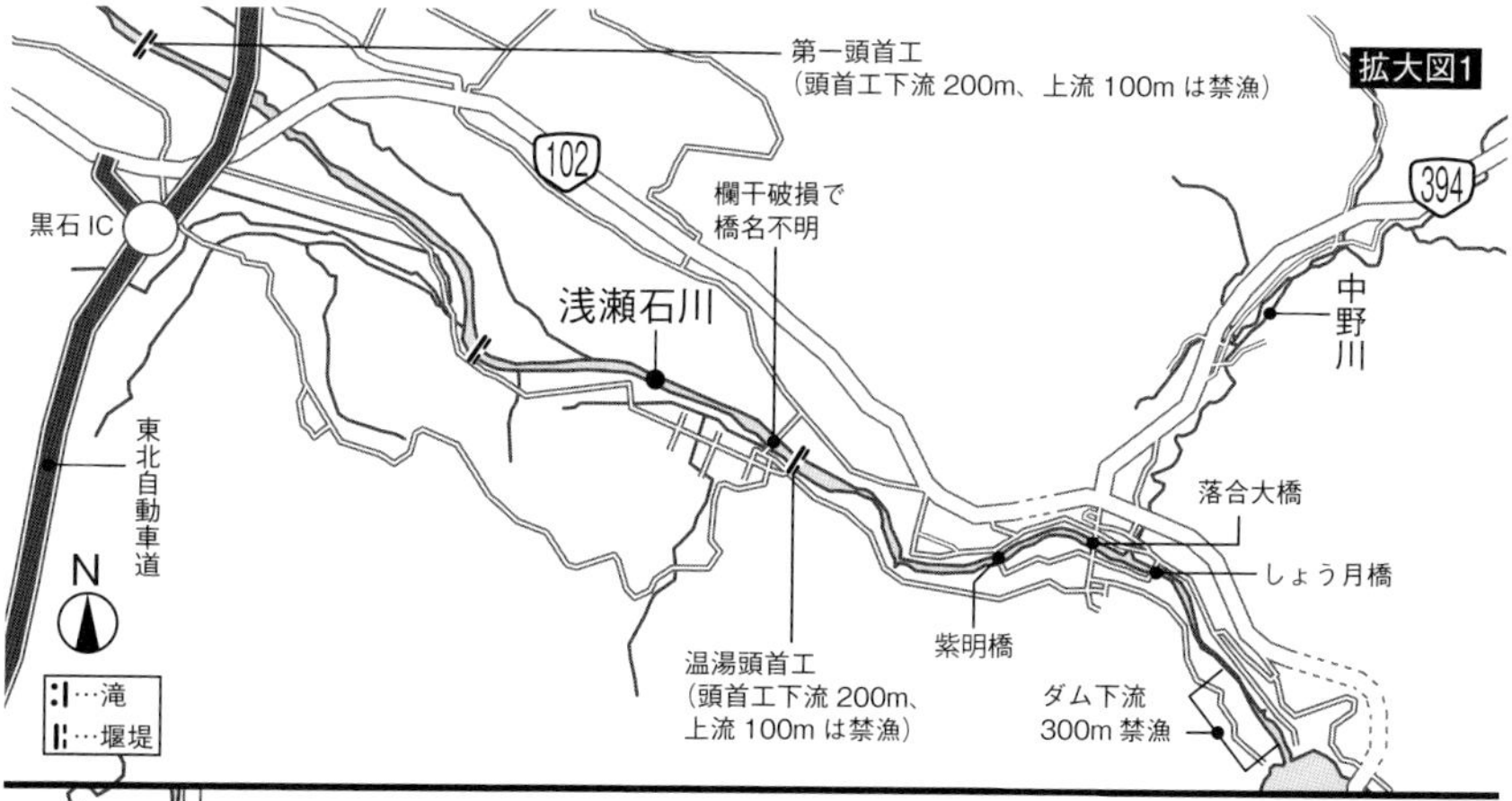

ドな渓流釣りスタイルを楽しめるだろう。

中型のヤマメ、イワナがメインだが、岩盤やテトラの際の深みでイワナの大ものの可能性もあるため、太めのイトで臨みたい。葛川集落内の吊り橋前後、井戸沢橋前後、滝ノ股川合流下付近が好渓相。入川は護岸の低い所や沢伝いとなる。

●滝ノ股川合流点〜源流

滝ノ股川と本流とで水量が2分し、河畔林も被さってきて釣りづらくなってくるが、ブナ林に囲まれ、雰囲気は最高だ。落ち込みをチョウチン釣りでねらう。源流の温川沢まで、小型中心だがイワナの魚影は多い。

滝ノ股川は合流点から堰堤を巻いて流すことになるが、谷が深く危険。本格的な源流釣りの装備が必要で単独釣行は避けたい（村田）。

赤石川水系

赤石川《あかいし》

白神山地の核心部から発する、潜在力の高い往年の名渓
雪代は多く長い。本格シーズンは6月から

赤石川は白神山地の核心部を源流に、鰺ヶ沢町西部を流れ下る。中流域に砂防堰堤が多いが、これは上流部の山岳の険しさによる土砂の供給が多いことも示唆している。昔は鉄砲水により大きな被害が出たこともあるほどだ。堰堤の堆積部を除けば、角ばった新しい大石が多い瀬と、岩盤のエゴが深い大淵が繰り返し、そのフトコロが渓魚の楽園を成している。

中流部は稚魚放流のヤマメが順調に生育し、肥えたヤマメが数釣れる。またアメマスのソ上も多く、アユ釣りの外道で掛かることも多い。上流域はおそらく天然と思われるきれいなヤマメが飛び付いてくる。それを一通り釣ると、底にいる尺イワナにエサが届くというなんともぜいたくな釣りだ。

上流部にある東北電力・赤石ダムより上流は、白神山地核心部のため禁漁となっている。残念なことに、ここで上流部の水のほとんどを取水して岩崎にある発電所から海に捨てている。また、ダムの水を抜いた際にブナの落葉が堆積したヘドロが流れ、淀みに溜まり、近年は川全体がメタン臭を発している。特に雪代期の河口部はそれが山状に堆積してしまっている。豊かな自然に遊ばせてもらう一方で、こうした問題にも目を向け、次世代に「いい川」を繋いでいきたいものだ。

赤石川は雪代が多く、期間も長い。解禁時も釣りにならない濁流となり、終わりも遅く6月に入ってからとなる。半面、6月には手つかずの状態から絶好の条件となり、ウブな渓魚が待ち受けている。

7月にはアユ釣りが解禁し、第4堰

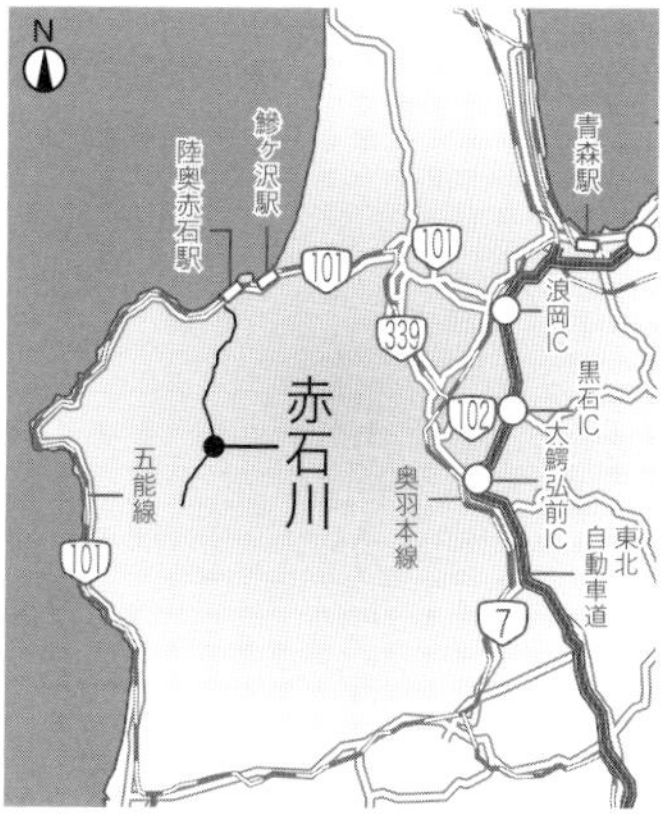

information

●河川名　赤石川水系赤石川
●釣り場位置　青森県西津軽郡鰺ヶ沢町
●主な対象魚　イワナ、ヤマメ
●解禁期間　4月1日〜9月30日
●遊漁料　日釣券800円・年券6000円
●管轄漁協　赤石水産漁業協同組合(Tel 0173-72-3094)、赤石地区漁業協同組合（Tel0173-72-4030)
●最寄の遊漁券発売所　安田商店(Tel0173-72-2390)、熊の湯温泉(Tel0173-79-2518・夏期のみ営業)
●交通　東北自動車道・浪岡ICを降り、国道101号を鰺ヶ沢方面へ。赤石川河口付近で左折して上流に向かう

熊の湯温泉前の渓相。平瀬で放流ヤマメが定着しやすいためか魚影は多い

堤辺りまで友釣りの人で満員状態となるため、渓流釣りは滝ノ沢合流より上流に逃げたいが、渇水気味のため一休みといったところ。さらに7月下旬にはアブが釣り人を阻む。再度釣りになるのはやはり9月。出水の後をねらって釣行したい。

●梨中橋〜熊の湯温泉

下流部は梨中橋付近から明確な淵が現われ始め、渓魚が顔を見せる。瀬では中型ヤマメが、淵では大型のアメマスがねらえる。熊の湯温泉付近はならされた平瀬となっているが、放流ヤマメが定着しやすいせいか魚影は意外に多く、広範囲にエサを追っている。開けた流れのため、ゼロ釣法で魚を遊ばせて取り込むのも楽しい。

●熊の湯温泉〜第4堰堤

熊の湯温泉からは石が大きくなり、瀬と淵が交互に現われる。熊の湯のす

ゲートから約１km にある第１堰堤

熊の湯温泉上流の流れ。開けた流れは細イトで探りたい

第４堰堤を望む

ブロック堰堤に改修された第３堰堤

ぐ上に冬季閉鎖ゲートがあり、開くのは平年6月中旬。平成27年はそのすぐ先で崖崩れがあり通行止めになっている。釣行には充分注意されたい。

ゲートから約1㎞で第1堰堤。ここまでは徒歩で手軽に入れるため、釣り荒れが早い。堰堤に魚道はあるが高く、明確なソ上止になるため、ソ上魚をねらう釣り人が常に入っている。

その先、ブロック堰堤に改修された第3堰堤、スリット式の第8堰堤、河川公園、第4堰堤と続く。堰堤と林道工事の影響で、土砂で埋まった平坦な流れが多いが、曲がりの岩盤の溝をねらっていきたい。

●第4堰堤～滝ノ沢合流

第4堰堤から先は、工事による土砂の影響が少なくなってきて、曲がりの大淵が際立ってくる。途中第5堰堤を通過し、滝ノ沢合流までは林道沿いで入渓しやすいポイントが続く。川とし

滝ノ沢合流下流の渓相を望む

第４堰堤上流の流れ。平坦な流れが
多いが岩盤の溝をねらう

第５堰堤上流の渓相。
林道沿いで入渓しやす
いポイントが続く

ては上流部に差し掛かってきて、木も被さってくるポイントが多くなるが、大場所では８ｍ以上の本流ザオもほしくなる流れ。

　まだヤマメが多いが、徐々にイワナの魚影が勝るようになる。底にいる魚にきっちりエサを届けられるかどうかが腕の見せ所だ。

●滝ノ沢合流～第７堰堤

　滝ノ沢合流点以降は林道工事の影響が少なくなり、河畔林も被さる所が多くなり、いよいよ白神の原生的流れに近づいてくる。ただし淵はまだ広い流れで、警戒されないためには本流ザオがほしい。

　途中、赤石橋で林道は左岸から右岸に渡る。赤石橋前後は開けて入渓しやすい。赤石橋から５００ｍほどで第７堰堤。堰堤の上流は谷が深くなるため容易に入渓、遡行できるのはここまでとなる。以降は谷が深くなり、林道と

滝ノ沢合流上流にある第６堰堤

開けて入渓しやすい赤石橋上流の流れ

離れる。

第7堰堤上流で入渓できる所といえば女行沢上流付近だが、出水が激しいせいか、河原が広く平坦なポイントが多い。

●赤石大橋前後

禁漁区となる赤石ダムまではまだ距離があるが、この先の林道はゲートがあり進入できない。そのため、赤石大橋から遡行するのが最後の区間になる。赤石大橋までは岩木川上流部から続く林道でも通行できる。ただし崖崩れによる通行止も多く、平成27年中は通行止であった。

入渓は赤石大橋右岸にあるロープと踏み跡を利用できる。さすがにイワナオンリーかと思いきや、天然と思われるヤマメも飛びついてくる。そのヤマメを釣り切るとイワナの口元にエサが届くようだ。ここまで来た甲斐があるといった釣りが楽しめる（村田）。

赤石大橋下の流れ。遡行
できる最後の区間になる

赤石川の中流で釣れ
た尺２寸のイワナ

赤石大橋上流にも
ヤマメがいる

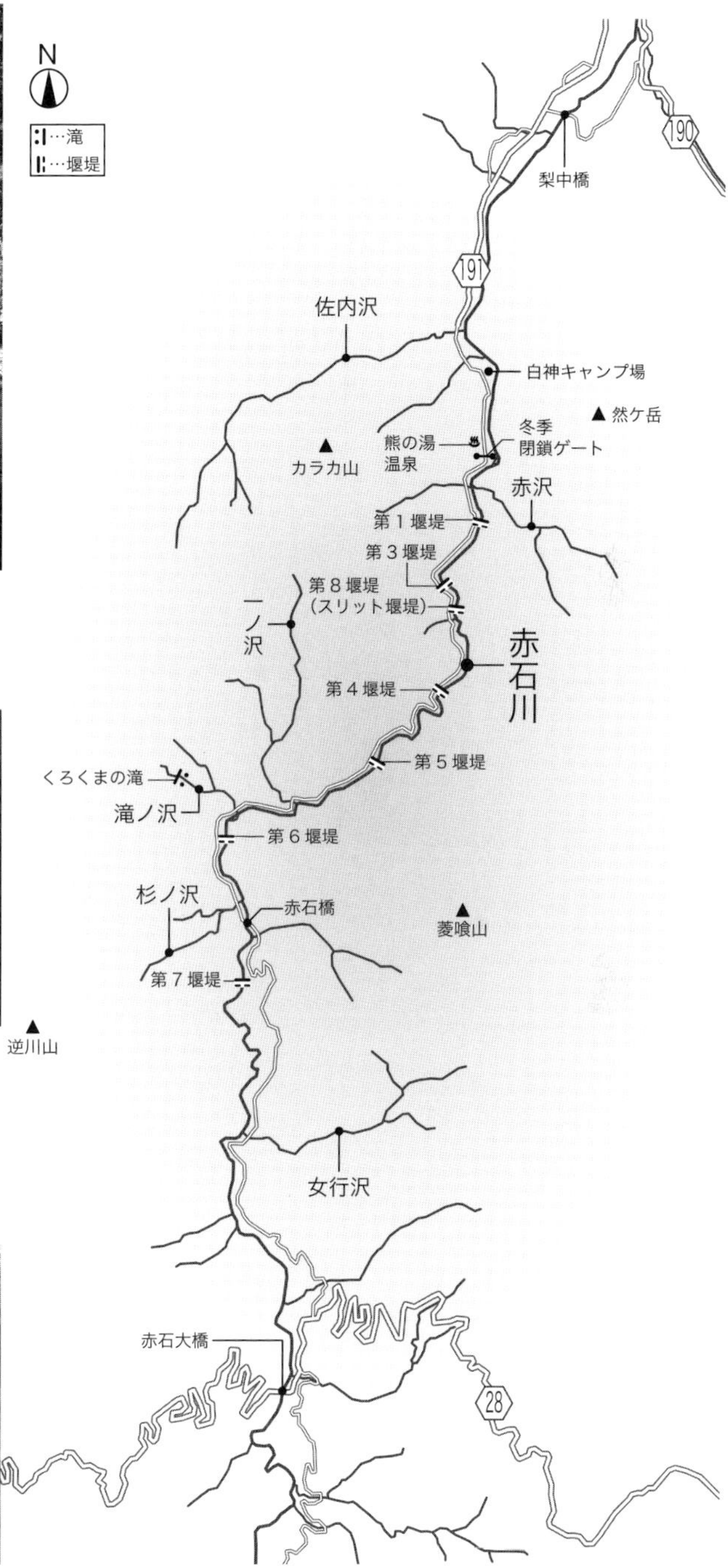

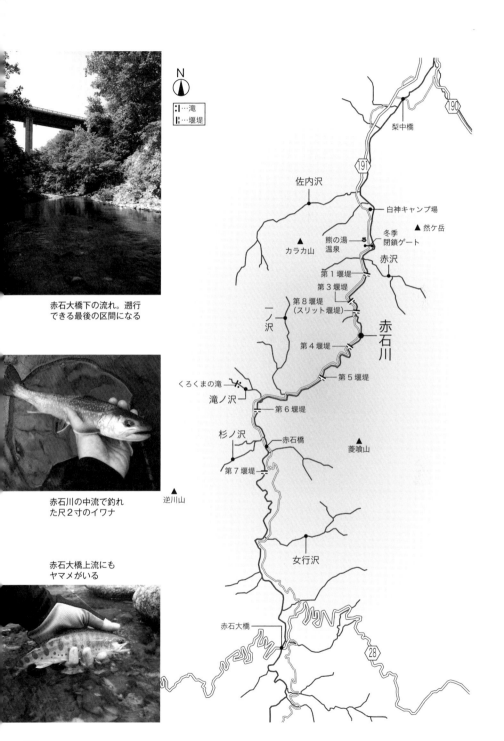

追良瀬川水系

追《お》良《い》瀬《ら》川《せ》

青森最後の楽園といえる名渓。渓相、水質、魚影ともに抜群
アクセスの悪さゆえに魚が守られ、多くの淵に尺越えが潜む

水質、渓相、魚影ともに青森県随一の流れを見せる追良瀬川

追良瀬川は白神山地を源流として、赤石川と尾根を1つ隔てた西側を流れ下る。中流部で西に向きを変え、深浦町北部で日本海に注ぐ。民家は下流部までしかなく、原生自然を残し、渓流釣り河川として水質、渓相、魚影は赤石川を凌《しの》ぎ青森県随一といっていい。

林道も中流部までしかなく、徒渉しながらでなければ遡行できない流域が長いため魚が守られている。最上流部の追良瀬大橋には弘西林道を使ってアクセスできるが、弘前から2時間以上かかるうえ、崖崩れで通行止となっていることが多い。そのため、ほとんど人を知らないイワナが繁殖し、下流に供給されている。

大型のイワナ、アメマスも多く、淵ごとに尺越えが潜んでいる。ヤマメは稚魚放流量が多く、小型も多いがサクラマスのソ上も多少ある。また上流部では側線に朱線が入った、天然と思われるきれいなヤマメにも出会える。青森県最後の楽園である。

釣期はやはり雪代が終わる5月下旬以降。雪代は多い年は6月上旬まで続く。水が完全に落ちる前は徒渉が難しいので、決して無理をしないように。7月からはアユ釣りの人とアブのため釣りにくく、9月から増水後の大ものねらいになる。

釣り方としては、雪代の終わり際でまだ水が高い時はキヂを使って底を流す釣り。完全に水が下がってくる6月にはブドウ虫を使い、軽いオモリでフ

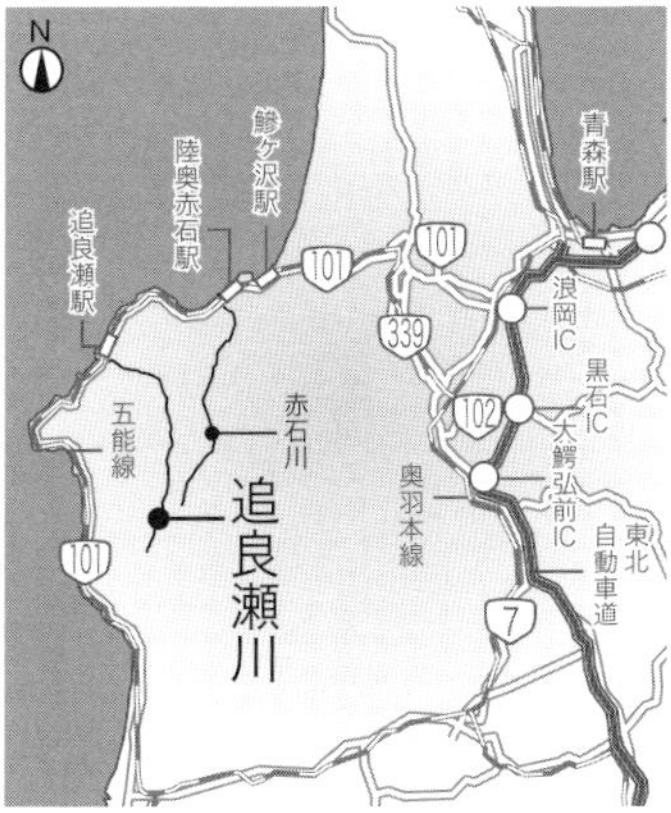

information

●河川名　追良瀬川水系追良瀬川
●釣り場位置　青森県西津軽郡深浦町
●主な対象魚　イワナ、ヤマメ
●解禁期間　4月1日～9月30日
●遊漁料　日釣券500円・年券5000円
●管轄漁協　追良瀬内水面漁業協同組合（Tel0173-74-3184）
●最寄の遊漁券発売所　サンクス深浦関店（Tel0173-84-3840）
●交通　東北自動車道・浪岡ICを降り、国道101号を深浦方面へ。追良瀬川河口から右岸を上流に向かう

カセを取り、エサを流れにのませるように沈め、エサに仕掛けを引かせるように流す。これは浮き石が大きく、タルミが大きい瀬で効果を発揮する。流れを舞うエサにたまらず魚が飛びついてくる。

●見入山観音～上切堰堤

渓流釣り場となってくるのは河口から４㎞ほど上流の観音様の前から。これより下流でも小型のヤマメが釣れるが、河口から２㎞のオサナメ沢まではサクラマス保護のため６月30日まで禁漁である。また観音様の上からは、平成26年のゲリラ豪雨で護岸が崩れるなど川が荒れてしまった。平成27年も西追良瀬大橋右岸で補修工事を行なっている途中だった。ここまでは各橋の脇から入渓できる。ポイントは小堰堤下の落ち込みなど各所にある。

上切堰堤下流は道路脇から入渓でき、大石の点在するポイント。しかし人気

尺２寸のアメマス。上流域はいたる淵に尺越えが潜んでいる

西追良瀬大橋より上流を望む

見入山観音上流の流れ

ポイントのためスレ気味である。

●上切堰堤～濁水堰堤

上切堰堤からゲートの車止までは平坦な流れ。車止の脇からは荒瀬と淵の繰り返しになり、淵の落ち込みと荒瀬の大石裏がポイント。中型ヤマメやアメマスが釣れる可能性が高い。

車止から500mほど上流で護岸が崩壊し、林道が崩れている。以前はここより上流が車止であったが、平成27年時点で補修工事は行なっていない。この上から濁水堰堤まではよい渓相が続く。徒歩での遡行になるため、釣り荒れも解消してきて、各所で魚がエサを追ってくる。

●濁水堰堤～油子沢付近

濁水堰堤から少し行くと右岸の踏み跡が切れ、川に降り、徒渉することになる。堰堤からこの付近までは埋まっているため川相は平坦でポイントは少

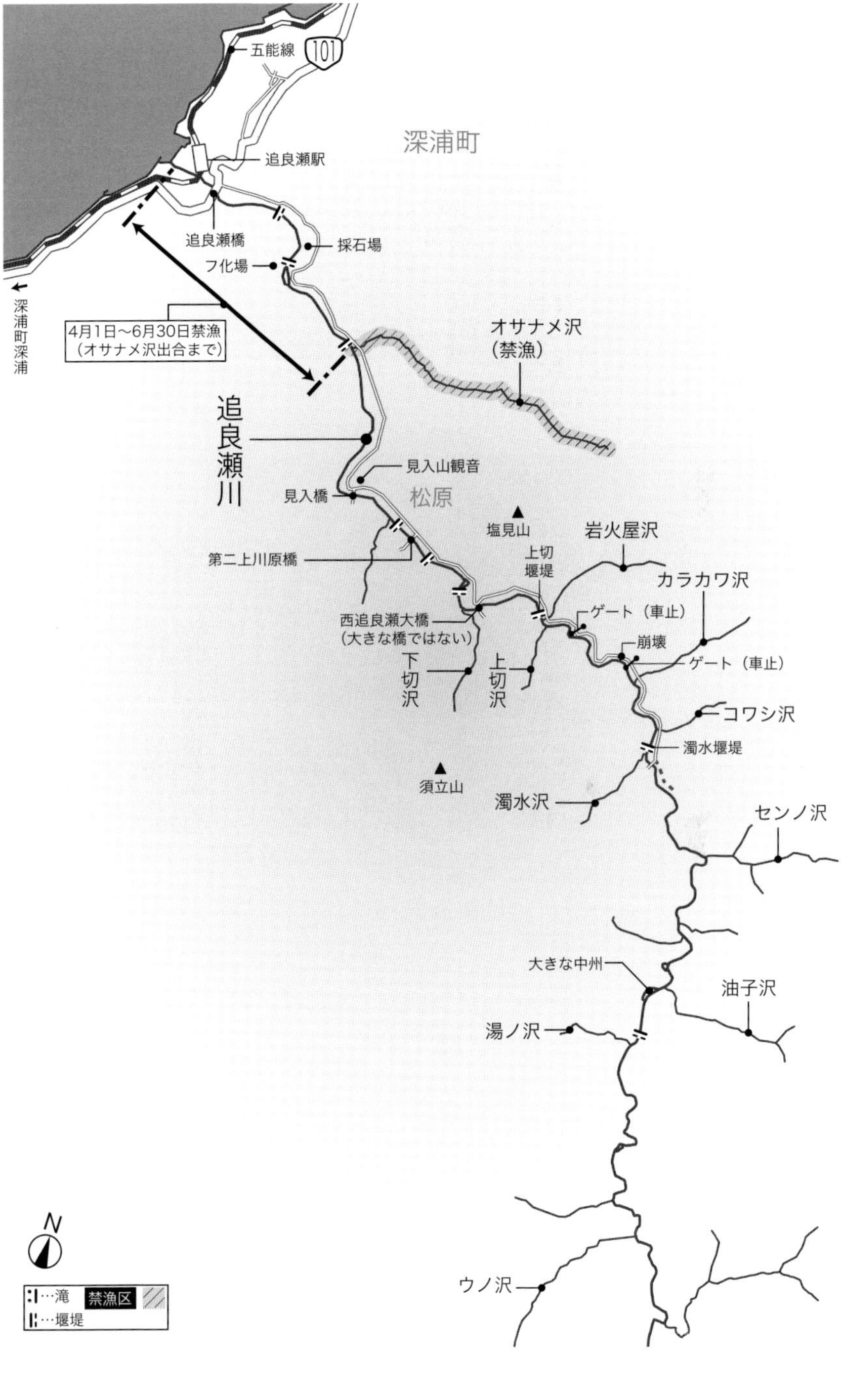
五能線
101
深浦町
追良瀬駅
追良瀬橋
採石場
フ化場
深浦町深浦
4月1日～6月30日禁漁
（オサナメ沢出合まで）
オサナメ沢
（禁漁）
追良瀬川
見入山観音
見入橋
松原
塩見山
岩火屋沢
第二上川原橋
上切
堰堤
カラカワ沢
西追良瀬大橋
（大きな橋ではない）
ゲート（車止）
崩壊
ゲート（車止）
下切沢
上切沢
コワシ沢
濁水堰堤
須立山
濁水沢
センノ沢
大きな中州
油子沢
湯ノ沢
ウノ沢
N
…滝
禁漁区
…堰堤

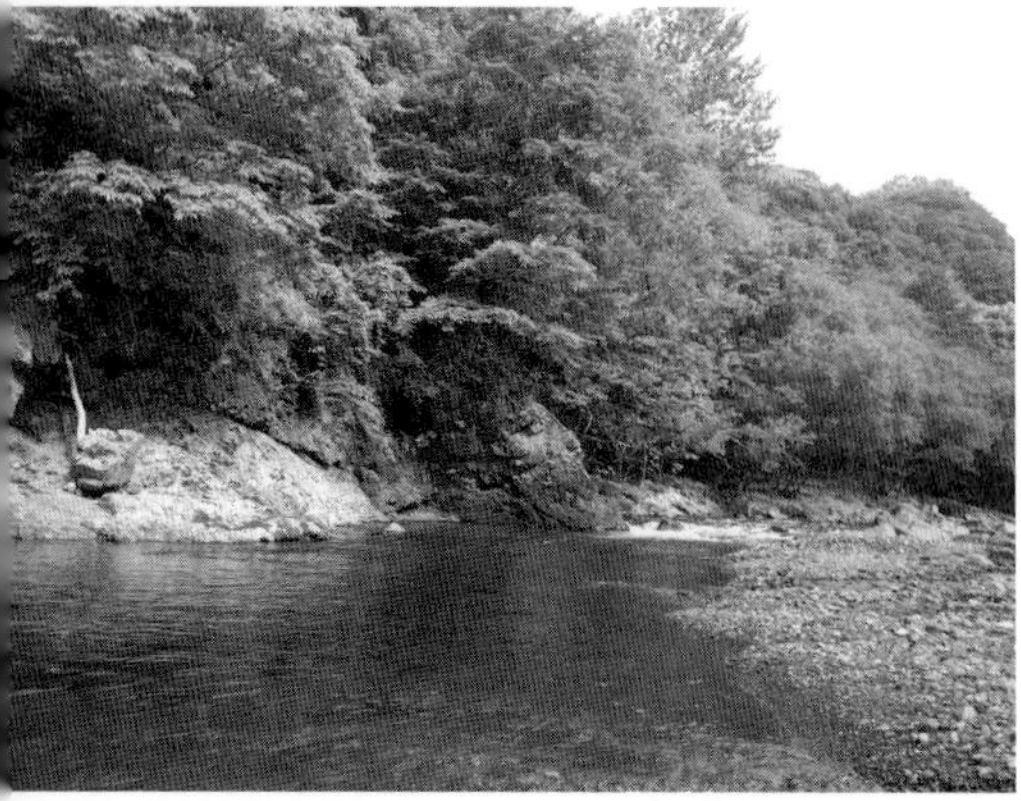

車止上流は荒瀬と淵が繰り返す渓相を見せる

上切堰堤を下流より望む。道路脇から入渓でき、大石が点在するポイント

追良瀬川のヤマメ。側線に朱線が入った美しい個体

追良瀬大橋より下流を望む。橋の前後は開けた流れ

ない。この上流でもう一度徒渉し右岸に戻ると、踏み跡が復活し500mほど進める。その後は完全に川通しでの遡行となる。

ここから先は川の曲がりごとに淵がある完全な自然渓流。各淵に大イワナがいるといっても過言ではない。ただし、雪代終了期はまだ水量が多く、ヘソまでつかるような徒渉を繰り返すため危険。雨で増水すれば帰れなくなる。天候には充分注意して釣行したい。

仕掛けは大場所が多いため、7m以上のサオがほしい。淵は深く、底までエサを届けるのに苦労する。油子沢合流付近で大きな中州があり、それを越えると谷になり、高巻が必要な荒瀬がある。車止からここまで約5㎞あり、帰りは1時間半かかる。通常の日帰り釣行ではここまでとしたい。筆者もこの先までは行ったことがないのであしからず。

●追良瀬大橋前後

最上流部の追良瀬大橋には、弘西林道（県道28号）でアクセスできるが、平成27年中は崖崩れで通行止であった。林道は未舗装で、車でも相当かかる。計画的に釣行したい。橋の前後は開けており釣りやすい流れ。７m前後のサオも振れる。ただし夏期は水量が少ないので注意。魚は尺までのイワナが多い。ヤマメは確認できなかった。

橋から釣り下るのも面白い。橋上流は荒れて平坦になっている。ダムまで林道があるが、東北電力の専用道のため一般車は入れない。ダム上流は白神山地の核心部で禁漁となる（村田）。

車止のゲート近くの流れを見る。ここより徒歩で上流へ向かうことになる

追良瀬大橋より上流は荒れた平坦な流れとなる

単独河川

津《つ》梅《ばい》川

世界遺産・白神山地のブナ林に守られた佳渓
雪代期はエサ、初夏はテンカラが面白い

樋状に絞られた流れをテンカラでねらう。水が少なくなる7月以降がおすすめだが、お盆前後はアブが大発生するので注意

1993年に世界遺産に登録された白神山地。津梅川は、秋田県の県境に近い青森県の大間越から日本海に流れ込む川である。川の全流域が自然遺産のコア地区から外れているので、渓流釣りは可能だ。ブナが大半を占める周辺の森は、白神山地の世界遺産を感じられる数少ないフィールドであるといえるだろう。

●幕場から大又川、小又川を日帰りで

源流部は二股から左の大又川と右の小又川に分かれる。大又川が津梅川の本流である。小又川の中流部から枝分かれするカンカケ沢は、かつて大間越の人が、山越えをして追良瀬川のマス淵に群れていたというサクラマスを捕りに行ったマス道として知られている。

国道101号の大間越トンネルを抜けたところから、上小屋野の集落で林道に入り、ダートをしばらく走ると堰堤下で終点となる。そこから半壊した

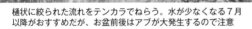

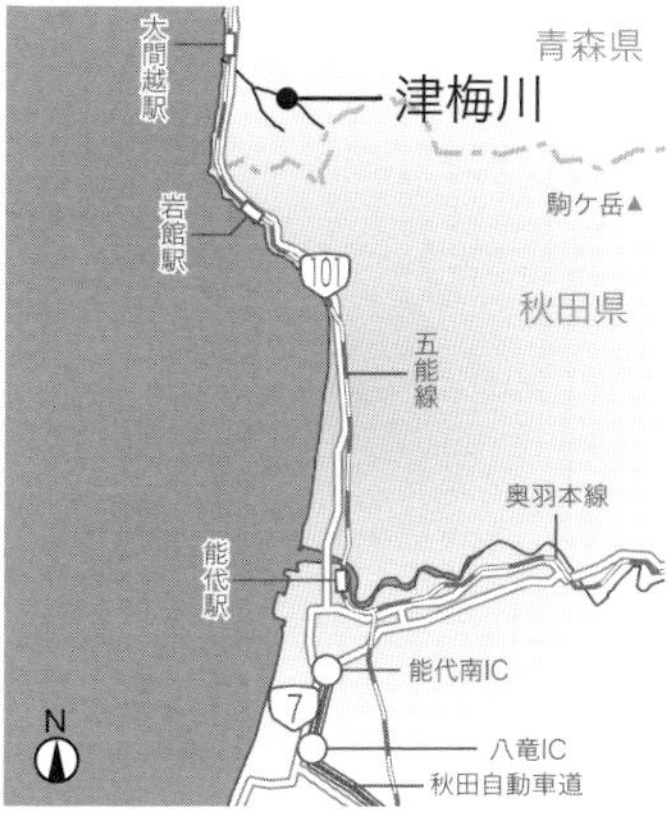

information

●河川名　津梅川
●釣り場位置　青森県西津軽郡深浦町
●主な対象魚　イワナ
●解禁期間　4月1日～9月30日
●遊漁料　なし
●管轄漁協　なし
●交通　秋田自動車道・能代南ICを降り、国道101号で大間越トンネルを過ぎて右折、林道を進む

林道を歩くと、堰堤の上に出る。

堰堤は砂礫で埋まっていて、平らな河原となっている。堰堤上で大又川と小又川に分かれる。幕場にするならこの辺りが適当で、日帰りで大又川と小又川を釣ることが可能である。

大又川は、しばらく浅い流れの河原が続くが、すぐにゴルジュとなる。腰まで水に浸からないと通過できないが、左岸をヘツることが可能なのでそれほど難しくない。

ゴルジュの中は岩盤と岩が交互し、イワナの魚影はそれなりにある。滝もいくつか出てくるが、簡単に巻くことができる。そのうち大滝が現われる。大滝の手前では大型イワナが期待できるので、じっくりと釣っていきたい。

大滝を越えるには右岸側のルンゼを少し登ると踏み跡があるので、それを使って滝上に出ることが可能だ。大滝の上にも魚がいる。かつては大又川と小又川の出合付近から、山道が大滝の

テンカラに出た白斑の大きなイワナ

津梅大滝でテンカラザオを振る
渓の翁こと瀬畑雄三さん

上まで続いていて帰りも楽に戻ることができたのだが、今では分からなくなっているようだ。

大滝の上をしばらく行くと、3段の滝が現われる。日帰りではこの辺りまでが限界になるだろうか。魚止滝といわれているが、その上にもイワナはいるようだ。

●小又川は上流ほど魚影が多い

小又川は全体的に浅い流れの河原が続く。下流部では右岸側に、上流部では左岸側に森林軌道の跡がカンカケ沢出合まで続いている。崩壊が進んでいるが所々で歩くことは可能だ。川が平らなぶん、森はとても美しい。ちょっとした落ち込みやトロが釣りのポイントになるだろう。ただ魚影はあるが型は小さく、カンカケ沢の流れも細い。

カンカケ沢出合を過ぎると少しゴルジュ状になるが、大きな滝は出てこない。奥に行けばいくほどイワナの魚影

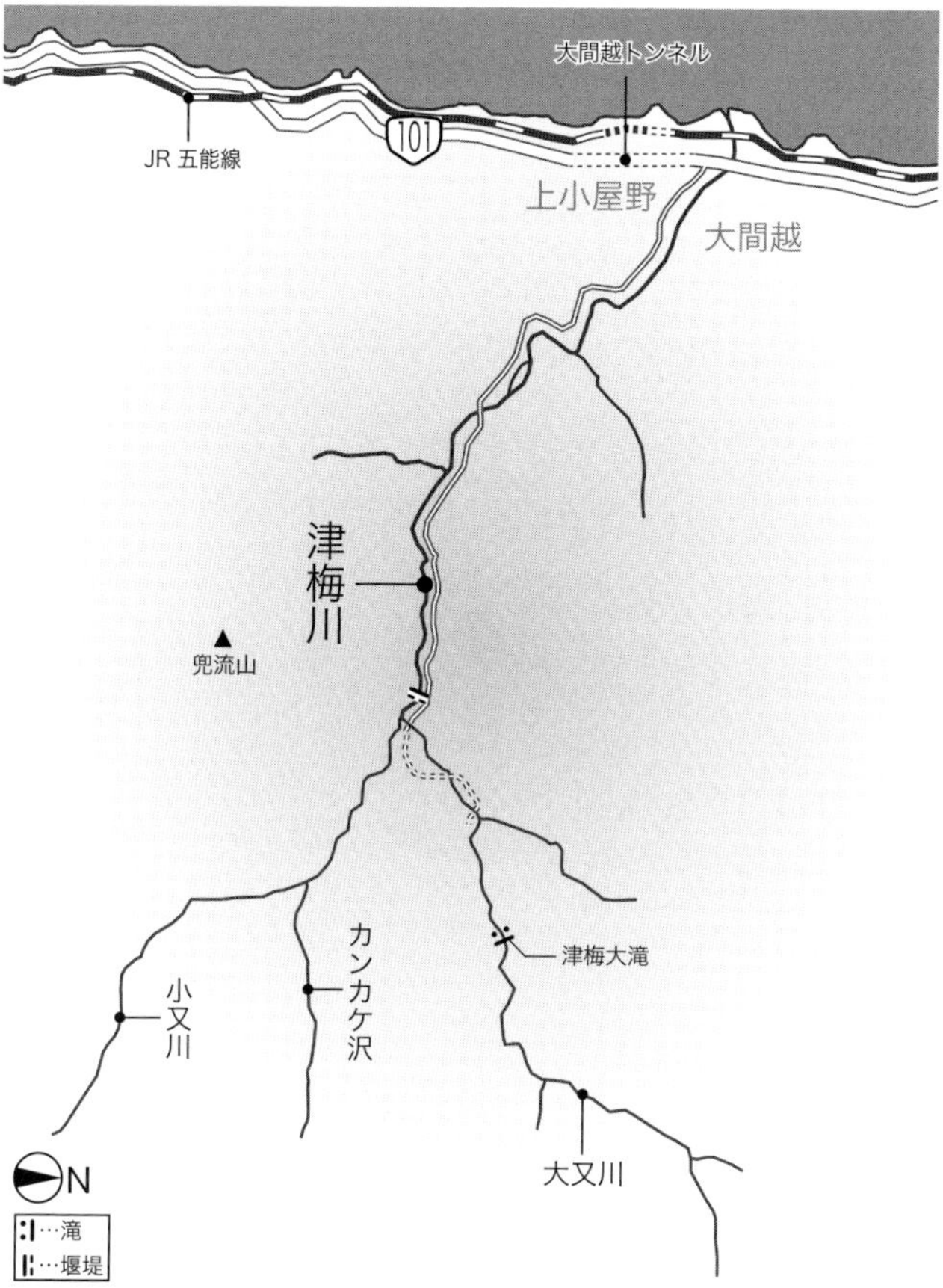

は多くなるようである。

津梅川には管轄漁協がなく、イワナが放流されていないので、くれぐれも乱獲は避けたい。また、入渓者が多いので釣り場でバッティングした際は、トラブルがないようにお互い入る沢を相談するなど、話し合いをするとよいだろう。

入渓しやすいので、津梅川のイワナはちょっとスレているように感じる。どちらかといえば、4、5月の雪代が出る早い時期のエサ釣りは釣果が望めるようだ。ただし雪代で水量が多くなるので注意が必要である。特に雨天時は雪のダムができやすいので水量の減少に注意すること。

7月以降になると水が少なくなるので、テンカラ釣りが有効になると思う。小又川、大又川とも日帰りで充分に釣れる。海岸線の宿に泊まれば、海の幸も堪能できる。夏の盛期はメジロアブが多く発生し、水量も落ちるので、釣りを楽しむなら早い時期がオススメ。

大間越付近の下流部では海から上がるアメマスも期待できる。海が近いこの沢は、海の幸と山の幸が味わえる楽しい沢である（丸山）。

米代川水系阿仁川支流

素朴なみちのくの里を流れる水質のよい渓
下中流域は開けたヤマメ釣り場、上流域はエサ釣りに分あり

小《こ》様《ざ》川《ま》

小様川は北秋田市の旧阿仁町・上小様地域を流れ、森吉山麓の800m級の山を水源としている。流程は約11kmと意外にも長く、下流から中流部までは、田園風景の中を流れる里川である。カジカの宝庫ともいわれ、水の清らかさがその資源を守っているのだろう。

また、この上小様地区は江戸時代、産銅日本一を誇った「阿仁鉱山」の1つ三枚鉱山があり、いまもそのゆかりの史跡が残っている。向林地区は古民家とそばの花畑が広がる、美しい集落の景色も見られる。鉱山の最盛期には120戸もあったそうだが、現在は6集落15世帯が静かで和やかな雰囲気を醸し出している。

　下流から中流区間の里川は、ヤマメがメインでイワナと混生。合滝地区から上流はイワナとなる。ここでは下流より順を追って説明したい。雪代が終わるのはその年の降雪量にもよるが、5月中旬以降となる。

小様川橋より上流を見る。鉄橋下の堰堤までは、少し水深のある所をねらうとヤマメが出る

●開けた下中流域は釣法を選ばず

　下流部は大岱地区にある小様川橋の横に駐車し、下流に向かい左岸川沿いの農道を歩いてくと阿仁川との合流点の河原に出られる。小様川橋までは400mほどで、川幅は広い所で5m前後。シーズン初期には合流点からヤ

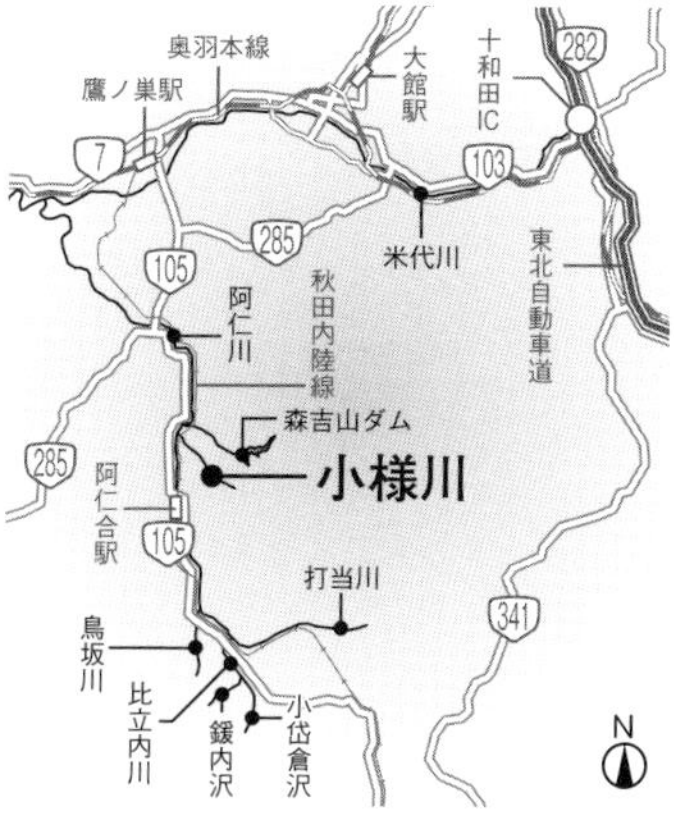

information

●河川名　米代川水系阿仁川支流小様川
●釣り場位置　秋田県北秋田市
●主な対象魚　イワナ、ヤマメ
●解禁期間　3月21日～9月20日
●遊漁料　日釣券1500円・年券6000円
●管轄漁協　阿仁川漁業協同組合（Tel0186-72-4540）
●最寄の遊漁券発売所　サンクス阿仁前田店（Tel0186-75-2285）
●交通　東北自動車道・盛岡IC、秋田自動車道・大曲ICから角館方面へ向かうか、東北自動車道・十和田ICを降り、国道103、285、105号を経由して阿仁吉田地区で左折。阿仁川を渡り小渕駅方面に進み小様トンネルを抜けて釣り場へ

マメが釣れる。

　秋田内陸線の鉄橋下の堰堤までは、各カーブの少し水深のある所をねらう。さらに上流約1・5㎞の小様地区の新小様橋上流までは、広い河原と瀬と堰堤の区間になる。ここまでは、解禁初期から雪代が終わるシーズン初期までの比較的水量がある時期がよく、6月中旬からの渇水時期に入ると堰堤の下の深みにポイントが絞られ、雨後の水量が増した時がチャンスになる。

　下流は開けているのでエサ、ルアー、テンカラ、フライのすべてが可能。フライはシーズン初期にはウエットやルースニングがよい。

　中流区間は土倉地区の新土倉橋付近からで、広い河原の区間も次第に流れが狭まり、瀬も少し水深が増してくるため、渇水期でも釣りになる。

　駐車スペースは新土倉橋の先の左側に駐車帯がある。旧道の白い橋から入渓し上流の三向橋までは約1・2㎞。

シーズン初期から下流域ではヤマメが釣れる

新小様橋から上流を望む。広い河原の瀬に堰堤が点在する

三向橋から下流の渓相。高低差が小さく入退渓しやすい

新土倉橋上流となる旧道の橋から上流を見る

護岸は所々低くなっていて入退渓しやすい。瀬と堰堤下のトロ場などがねらいめだ。川幅は狭い所で3m、平均して4mほどだ。反応がよければ半日コースとして楽しめる。

三向橋から一ノ又橋までは約1・7㎞。この区間は瀬ありカーブの淵ありとポイントが多くなる。一ノ又橋が近くなるにつれ、フライなどでゆっくりねらいながら釣ると1日コースだ。この区間から次第にイワナが多くなり、ヤマメと混生で釣れてくる。渓は開けているのでエサ、ルアー、テンカラ、フライのすべてが可能。

中流域もシーズン初期はフライの場合、ウエット、ルースニングが効果的だ。6月のベストシーズンはいいサイズも期待できる。一ノ又橋までは上流に向かって左岸に農道があるので、途中から上がるのも楽である。

●上流域のイワナはエサ釣りに分

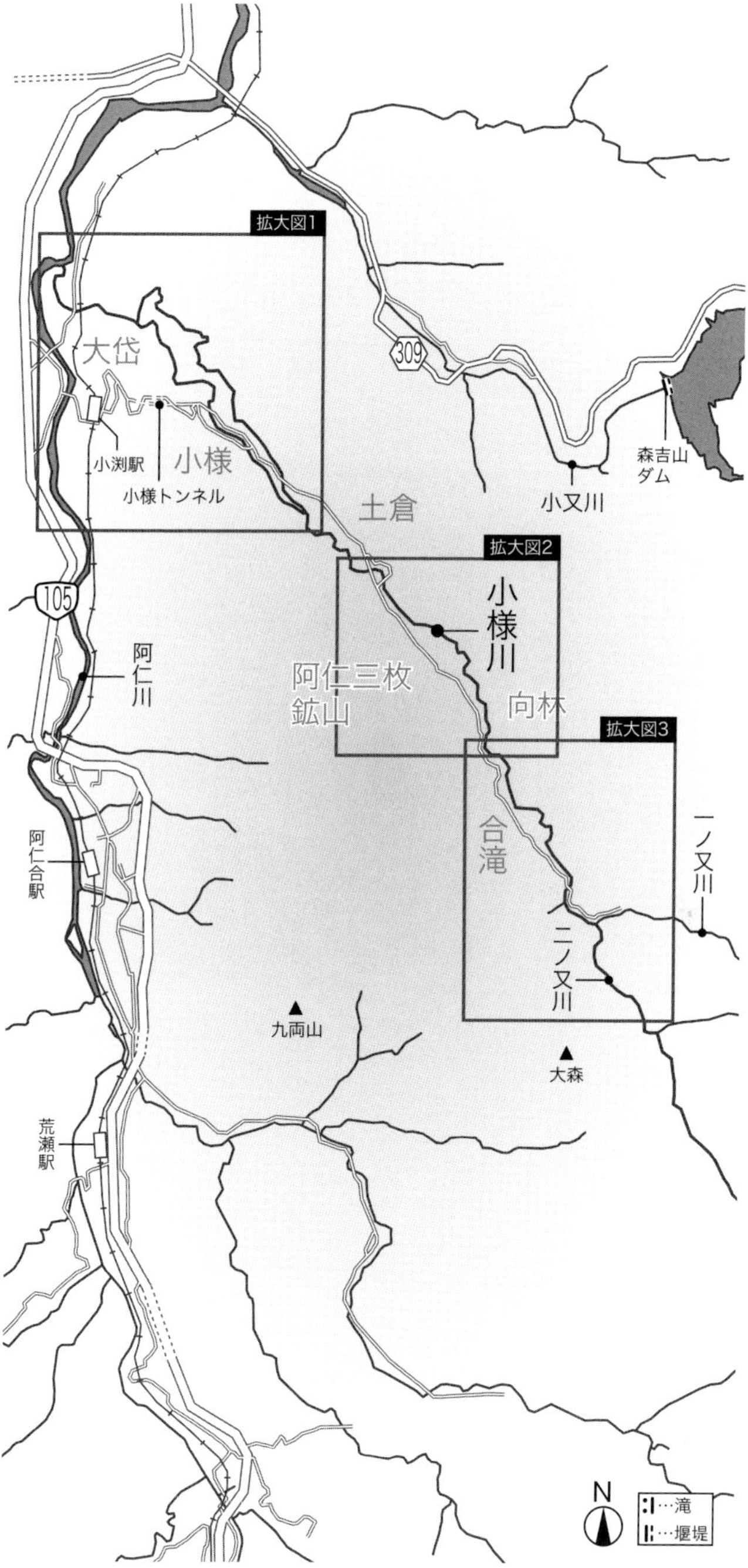

一ノ又橋から150mほど上流に滝があり、高巻くことはできないので戻ることになる。滝からが上流区間になる。この先は林道も狭くなり悪路になってくるので、カーブ毎の対向車とのすれ違いには要注意だ。RV車のほうが走りやすいが、大型タイプだと道幅がきつい。

上流に向かって左が一ノ又沢、右が二ノ又沢であるが、一ノ又沢は川幅が約2m前後と細くなり、落差もあり堰堤の溜まりや落ち込み以外はルアー、テンカラ、フライは厳しくなってくる。

林道との落差はあまりないので入渓しやすい。ずっと上流までイワナはい

一ノ又橋から下流を望む。この区間から次第にイワナの姿が増えてくる

フライに出た小様川のイワナ

合滝上流、一ノ又沢に架かる橋からの渓相

るが、エサ釣りに軍配が上がる。二ノ又沢へは、一ノ又沢の無名の橋を渡ると二の又沢上流に続く林道が延びているが、橋を渡ってすぐの路肩が弱く、道幅も極端に狭いので注意されたい。

分流からすぐに堰堤があり、林道との落差がなくなると上流に入渓しやすくなる。川幅は2〜3mで、こちらのほうが水量がある。玉石の入った瀬が続くイワナの渓である。ルアー、フライができないわけではないが、ブッシュも多くなり、徐々にエサ釣りに分がある流れとなる。

駐車スペースは所々にあるので、川の渓相を見ながら入渓するとよい。どちらも林道が最上流まで沢伝いに付いているので釣り人の姿は多い。

この林道も、年によっては天候などの影響を受け通行が厳しいこともあるので、状況が思わしくない場合は無理をしないこと。また、クマにも注意が必要だ（谷地田）。

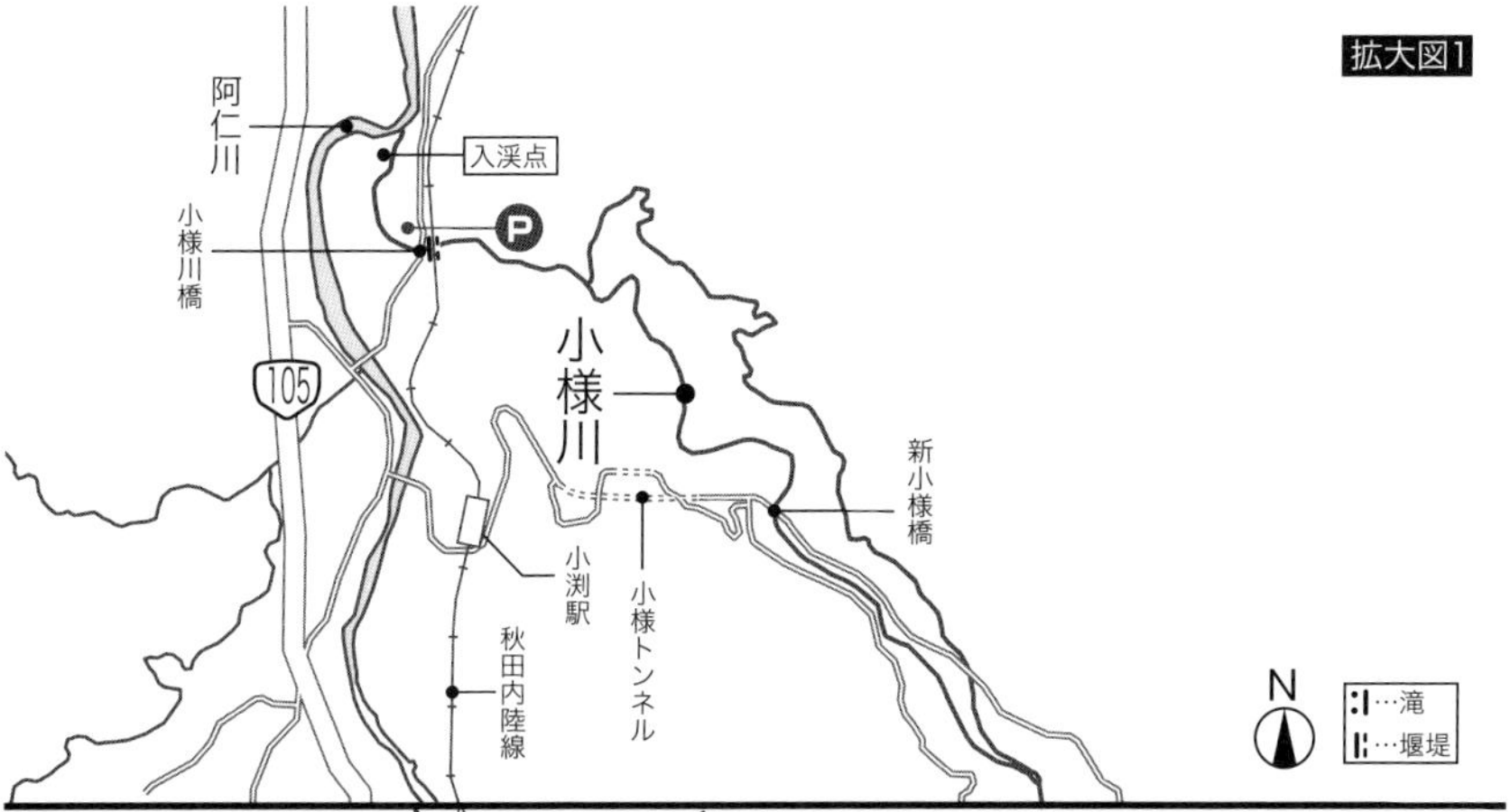
拡大図1
阿仁川
入渓点
小様川橋
105
小様川
新小様橋
小渕駅
小様トンネル
秋田内陸線
N
…滝
…堰堤

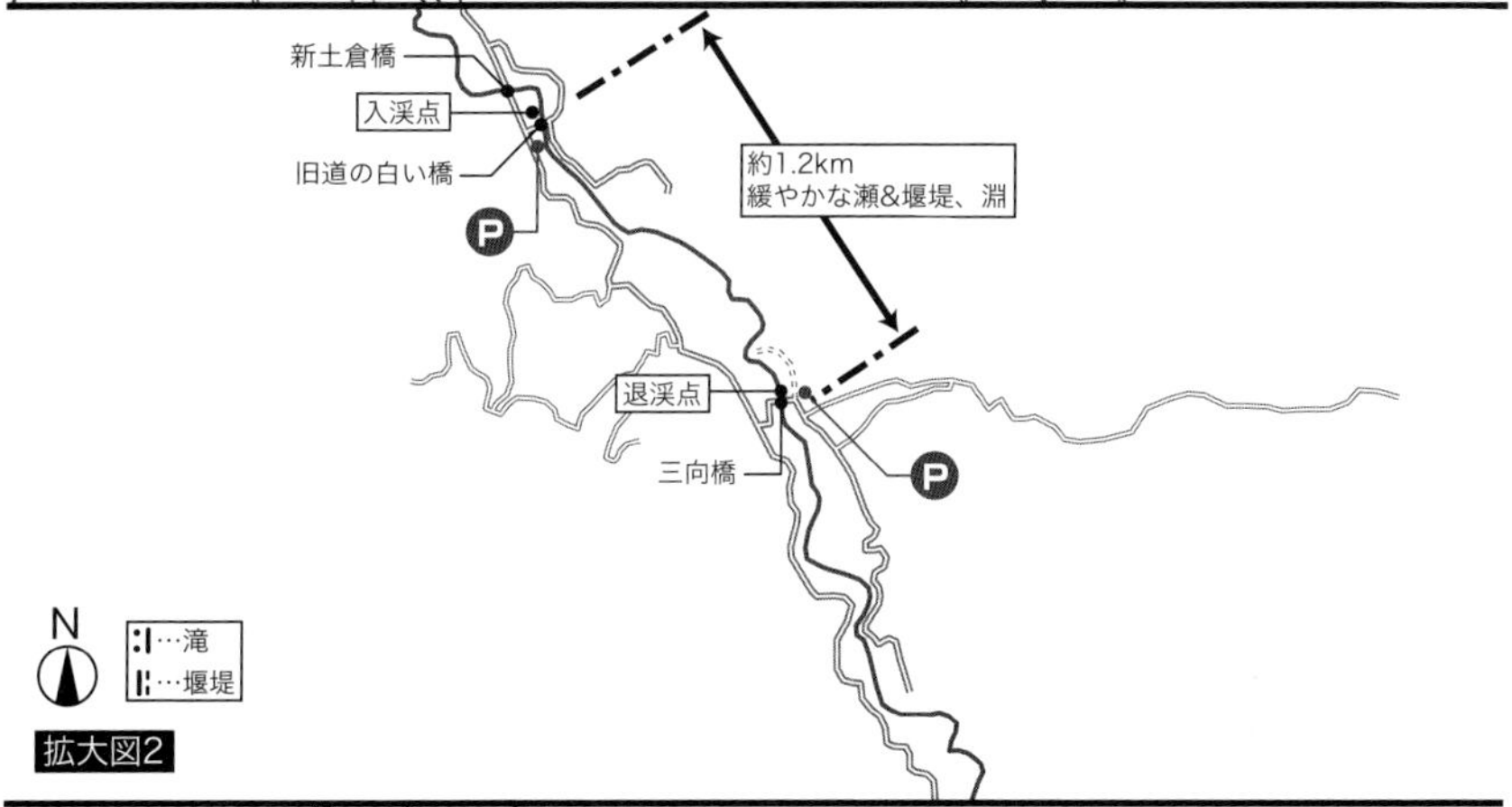
新土倉橋
入渓点
旧道の白い橋
約1.2km
緩やかな瀬&堰堤、淵
退渓点
三向橋
N
…滝
…堰堤
拡大図2

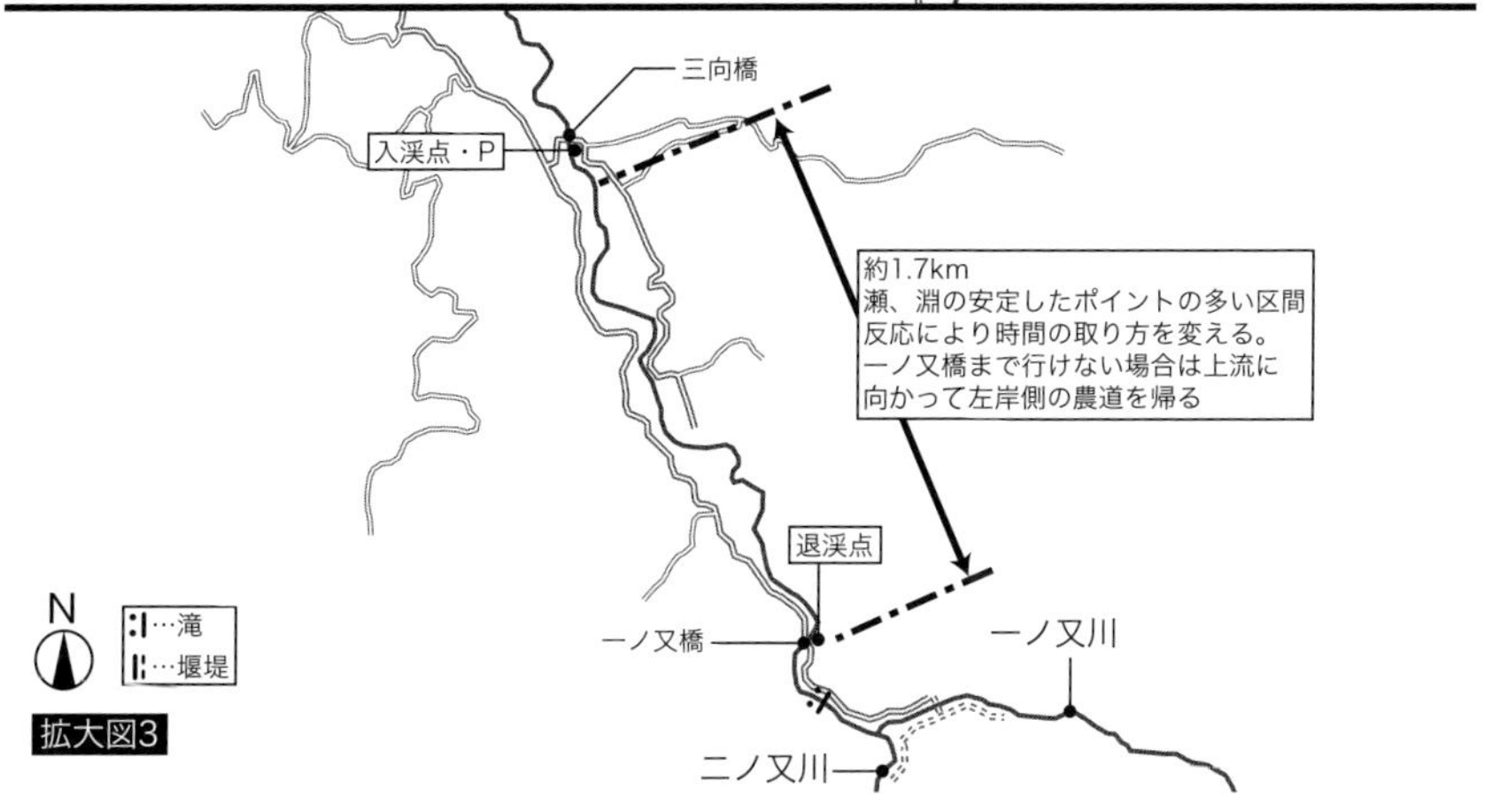
三向橋
入渓点・P
約1.7km
瀬、淵の安定したポイントの多い区間
反応により時間の取り方を変える。
一ノ又橋まで行けない場合は上流に
向かって左岸側の農道を帰る
退渓点
一ノ又橋
一ノ又川
二ノ又川
N
…滝
…堰堤
拡大図3

米代川水系阿仁川支流

鳥《と》坂《さか》川

上流まで林道が続くがゴルジュもあるテクニカルな川
下流は本流差しの大ヤマメも期待。上流は谷深くイワナ主体

白崎沢出合上流にある橋から下流を望む。流れに落差はないが落ち込みなどでイワナが食ってくる

1000m級の山々を水源として流れる鳥坂川は、流程が約9㎞前後の阿仁川の支流。本流上流にはさらに打当川、比立内川などの支流が控える。

上流まで林道が続いているが、全体的にV字渓谷になっており、ゴルジュ帯もあり入渓する際にも注意が必要。特に雪代時期の午後の増水や、降雨時などには注意されたい。

シーズンは、他の阿仁川の支流同様5月下旬からとなる。また、その年の降雪量によって林道の崩壊や残雪などで前後することもある。

流れを大きく分けると、本流に雷又沢が合流する少し下までの下流域、その上流・白崎沢合流の上の橋までが上流域として解説したい。

●本流差しのヤマメも出る下流部

下流部の入渓点は旧国道からバイパスの橋脚近くに駐車し、旧国道橋脚の上流に向かって左岸から入渓する。踏

み跡はガレキで急なため、充分気を付けて降りること。下流部は、シーズン初期と終盤には本流から差してくる良型のヤマメもねらえる区間で、条件が合うといい思いができる。

　両側は切り立っているが、谷が深いゆえ上空は障害物があまりない。入渓点から400mほどは玉石が入った瀬とカーブごとにある淵の渓相で、流れのヨレや岸際を丹念に探りたい。

　ゴルジュ帯が800mほど続き、ポイントも多くなり、渓相も徐々に趣を増してくる。淵には魚が溜まっていることもあり、先行者がいない場合は期待できる。

　雷《らい》又沢橋に近くなると河原もありエサ、ルアー、テンカラ、フライと楽しめる区間だ。ヤマメを主体にイワナも出る。各ポイントをゆっくり探ると1日コースと考えたほうがいい。また、雷又林道に入る手前にも林の切れ目が目印となる入渓点があり、ゴルジュが

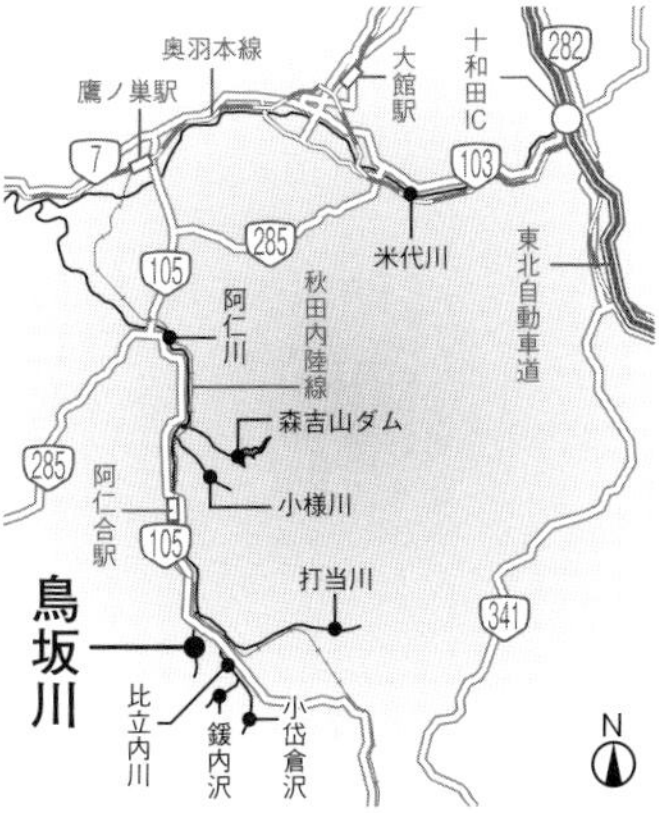

information

●河川名　米代川水系阿仁川支流鳥坂川
●釣り場位置　秋田県北秋田市
●主な対象魚　イワナ、ヤマメ
●解禁期間　3月21日～9月20日
●遊漁料　日釣券1500円・年券6000円
●管轄漁協　阿仁川漁業協同組合（Tel0186-72-4540）
●最寄の遊漁券発売所　サンクス阿仁前田店（Tel0186-75-2285）
●交通　東北自動車道・盛岡IC、秋田自動車道・大曲ICから角館方面へ向かうか、東北自動車道・十和田ICを降り、国道103、285、105号を経由して阿仁川方面へ。笑内駅～岩野目駅の中間地点で左岸から阿仁川へ合流する鳥坂川へ

旧国道の橋から上流を見る。シーズン初期と終盤には本流差しのヤマメもねらえる

終わる上流に下りられる。

●谷深い流れからイワナが出る上流

上流域は入渓点があまりなく、雷又沢の橋から入渓し、上流約1・5㎞にある橋までとしたほうがよい。ただし、入渓して400mほど行くとゴルジュ帯があり、水量が多い場合は通ラズになる。両脇は岩盤でヘツるのも危険なため、決して無理はしないこと。ベストシーズンは水量も安定して釣り上がれる。

ゴルジュ帯が過ぎても谷は深い。渓相は、落差はないものの落ち込みなども出てきてイワナがメインになってくる。林道の橋の下を過ぎると、ほどなく杉ノ又沢が合流する。

杉ノ又沢もイワナの姿があり、林道も付いているが、道幅が狭く状況もあまりよくない。川幅も狭いためエサ釣り向きである。

本流筋は合流から上流200mほど

はゴルジュ帯が続き、それからは岩のある瀬とカーブの淵の区間になる。徐々にイワナの魚影が多くなる。木々が覆いかぶさる所もあるので、短めのサオを使ったほうがよいだろう。

さらに行くと林道の橋の前で白崎沢が合流しており、退渓点が近いことを知らせてくれる。この白崎沢には分流してから7～8ｍの滝があり、滝壺もねらってみたい。本流の瀬はテンカラ、フライ向きで、カーブの淵はエサ、ルアー向きである。

本流は上流に向かうほど石は小さくなり、カーブごとの深みがポイントになる。前記の白崎沢合流上の橋近くま

体高のあるヤマメはまさに本流育ちの証

鳥坂橋下流のゴルジュ帯を望む

支流となる杉ノ又沢上流の流れ。川幅が狭くエサ釣り向き

雷又林道に架かる橋から下流を望む。
イワナがメインの上流域

本流の瀬はテンカラ、フライ向き。体高のあるイワナは力強いファイトを見せてくれる

ではV字渓谷のため、退渓は無理して斜面を登らず、戻るかこの橋まで上がったほうがよい。前もって天候と相談して入渓する区間を決めるのがよい。

支流の狙倉沢も魚はいるが、林道が川から離れ、高い所を走っているので退渓が困難なため、あまりおすすめできない。

鳥坂川は年によって木の伐採があったりするので、通行規制や林業関係の邪魔にならないよう駐車すること。全体的に険しい川だが、時によい思いができるのが魅力。できれば単独釣行は避け、楽しい釣りを心掛けてほしい。最後に、クマの出没には注意が必要である（谷地田）。

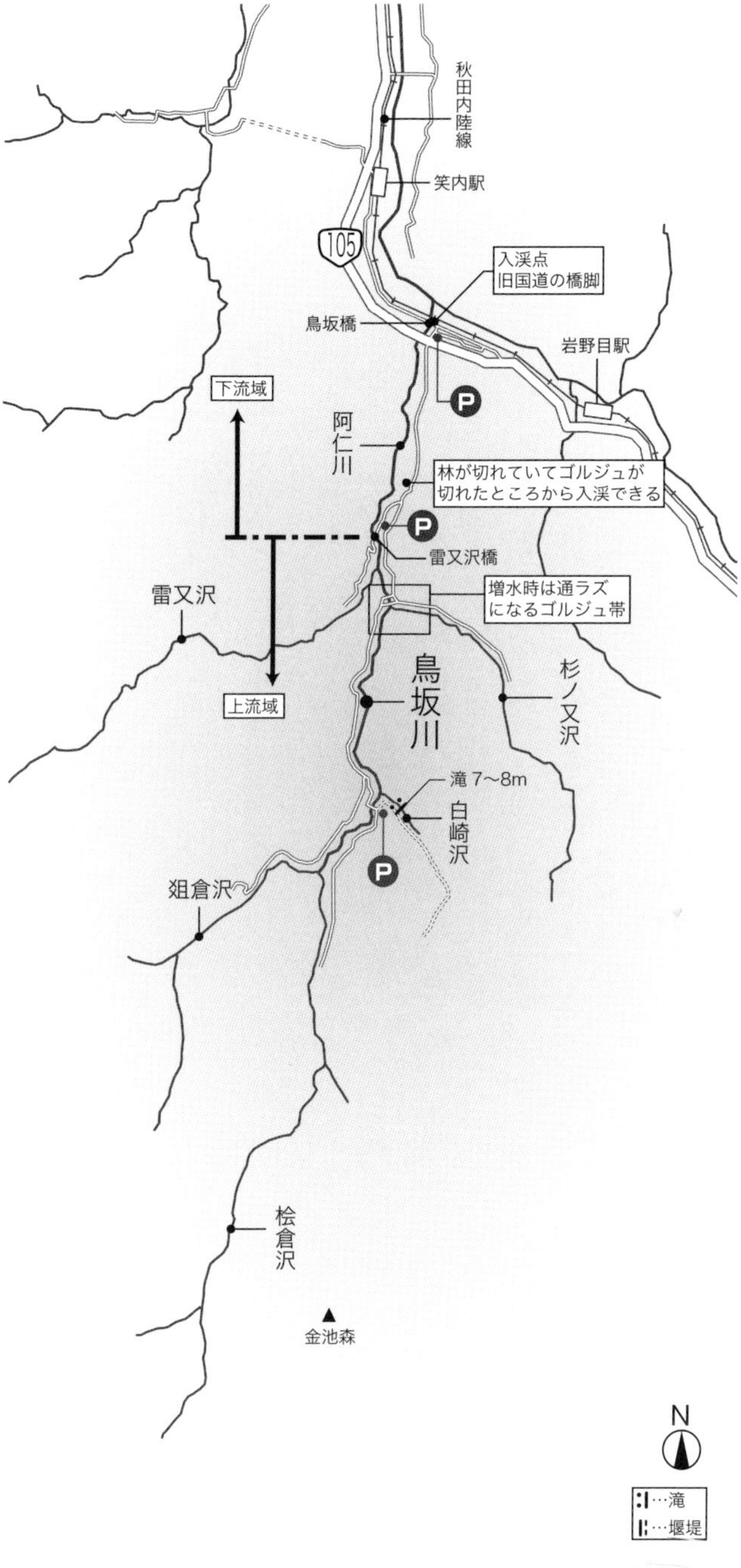
秋田内陸線
笑内駅
105
入渓点
旧国道の橋脚
鳥坂橋
岩野目駅
下流域
阿仁川
林が切れていてゴルジュが
切れたところから入渓できる
雷又沢橋
増水時は通ラズ
になるゴルジュ帯
雷又沢
上流域
鳥坂川
杉ノ又沢
滝 7〜8m
白崎沢
俎倉沢
桧倉沢
金池森
N
…滝
…堰堤

米代川水系阿仁川支流

打当川《うっとう》

最寄駅名は「阿仁マタギ」。源流部には景勝も多い
約4kmに及ぶC&R区間のポイント、釣り方を紹介

C＆R区間の下流域。開けた渓なので長ザオでの釣りやフライも快適に楽しめる

打当川は阿仁川最大の支流。椈《ぶな》森、六左衛門森など1000m級の山々を水源とし、日本の滝百選の2位にも選ばれた「安の滝」や桃洞・佐渡のスギ原生林、立又渓谷など、その美しい景観で知られている。また、中流部には打当温泉があり、訪れる観光客も多い。

また、2002年にはキャッチ&リリース（以下、C&R）区間が設けられたことでも話題を呼んだ。賢く大きくなった魚は釣りづらい反面、釣った時の喜びはひとしお。魚影も保たれ、釣り味を楽しむには申し分ない。

今回は、この約4kmに及ぶC&R区間を紹介したい。1日で一気に通しで釣り上がる方もいるが、下流は前山橋から岩井ノ又橋までを、上流は中の又橋までと、各1日ペースで釣ってみたい。

C&Rが前提のため、バーブレスフックの使用はもちろんのこと、魚にダメージを与えないネットの使用や、写真を撮る際の魚の扱いも優しく注意したいものだ。

シーズンとしては、源流域は山深く、年によって差はあるものの初期はエサ、ルアーに分がある。雪代が終わる5月下旬からはフライもシーズンイン。ただし林道は積雪、降雨で土砂崩れや災害復旧工事で通行止になったり、工事の影響で濁りが長引くこともあるので注意されたい。

●下流部は開けた渓相で釣りやすい

C&R区間のスタートは、打当温泉のすぐ上にある前山橋から。橋のそばに駐車スペースがあり入渓できるが、100mほど上流にも駐車帯があり、小さな沢から安易に入渓できる。私有地の横を通るので、植えられた山菜や植物には気を付け、家主が近くにいる場合はひと言挨拶を交わすこと。

入渓すると、すぐに底石のある膝上の瀬と淵が交互に続く渓相となり、瀬はヤマメをメインに、岩陰や岸際を探るとイワナも楽しめる。

開けた渓なので長ザオや、フライもストレスなくキャストできる。プレッシャーがない時は、淵尻や岸際にいい魚が出ているので、アプローチは慎重に。思いもよらない大ものが潜んでいることもある。

300mほど釣り上がると、ナメ底の瀬と淵が交互に現われる。ドッキリするようなサイズのヤマメやイワナが出ることもある。流れは徐々に深いトロ場と岩盤区間になり、岩盤の溝にも良型が隠れているので探ってみたい。

フライの場合、日中の瀬ならドライでもよいが、淵ではドライに反応しない時はウエットやニンフも試してみたい。ただ、増水時は川通しに上がれないこともあるので注意。これより先、岩井ノ又橋までは大石のある少し深めの瀬となり、丹念に探ってみたい。

●上流部は盛期の淵尻に大型が付く

C&R区間の上流部は、駐車は岩井ノ又沢の合流点にある橋付近と少し上流の林道入口、または中間点と中の又橋付近にそれぞれ車を寄せて停めることになる。それ以外の場所にはほぼ駐車できない。観光客がいるので駐車する際は往来にも配慮していただきたい。

岩井ノ又沢の合流から入渓すると、浅い瀬の区間になっていて、ここで反応があるかないかで先行者のプレッシャーの有無が確認できる。瀬はテンカラ、フライが有利だ。

瀬の区間を過ぎると唯一の小

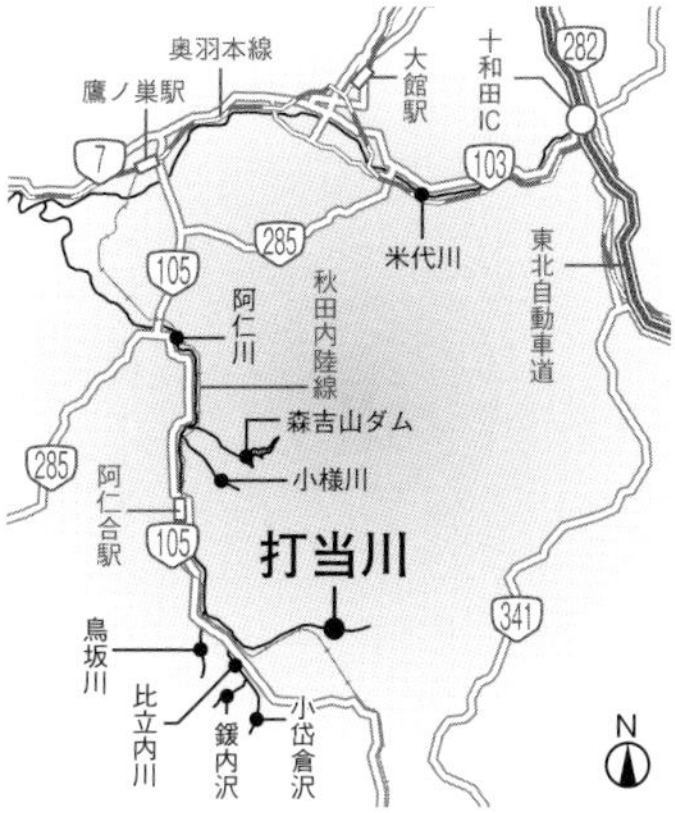

information

●河川名　米代川水系阿仁川支流打当川
●釣り場位置　秋田県北秋田市
●主な対象魚　イワナ、ヤマメ
●解禁期間　3月21日～9月20日
●遊漁料　日釣券1500円・年券6000円
●管轄漁協　阿仁川漁業協同組合(Tel0186-72-4540)
●最寄の遊漁券発売所　サンクス阿仁前田店（Tel0186-75-2285）、打当温泉またぎの湯（Tel0186-84-2612）
●交通　東北自動車道・盛岡IC、秋田自動車道・大曲ICから角館方面へ向かうか、東北自動車道・十和田ICを降り、国道103、285、105号を経由して県道308号で打当川へ堰堤があり、深さも充分なのでじっくりねらってみたい。この堰堤は高さもなく、右岸の取水用水路の下を安易に上がれる。この辺までは川幅が10mほどあり開けて釣りやすい。

ここから上流はイワナがメインでヤマメも混じる。木に覆われた流れは日中でも少し暗く、木の枝が邪魔になる場所もある。平瀬と岸には大岩が点在するため、日中は岸際の岩盤などに魚が付いていることが多い。川幅も5mほどに狭まり、ポイントも絞りやすくなる。入渓点から中間点までは道路が高く、ガレ場なので退渓は無理しないほうがよい。

中間の駐車帯付近の左岸に大岩があり、その横を上がることができる。ここから先は、少し岩が大きくなった瀬と淵が連続し、盛期には淵の前後がねらいめとなる。私は過去、淵尻の浅い岸際で50㎝オーバーのイワナを数回確認している。

下流域ほど木々の枝もあまり気にならず、上流に行くほど深い淵などが多くなり良型が期待できそうな渓相になってくる。アプローチは少し遠めからにして、淵などはサイトフィッシングを心掛けたほうが賢明だ。また意外に見逃しやすい瀬だが、タルミには良型が潜んでいることがあるので、探りを入れながら上がったほうがよい。

上流区間の終わり近くに大きな岩盤と淵が連続する個所があり、ここは左

C＆R区間中流域の流れ。ナメ底の瀬と淵が交互に現われる

C＆R区間上流域の流れ。イワナがメインだがヤマメも混じる

スレたヤマメとの駆け引きはC＆R区間ならでの醍醐味

側をヘツるのだが、増水時期は注意されたい。ここを過ぎると、瀬と小さな淵の区間となり、ほどなくC＆R区間の終わりとなる中の又橋に到着。橋の手前の左岸から退渓できる。中の又橋より上流は禁漁になっているので注意されたい。

釣り方にもよるが、やる気のある魚だけを釣っていくパターンより、いる魚をどう釣るかがC＆R区間の醍醐味ではないだろうか。最後に、上流の支流は山深く、幾筋も流入しているので、突然の雨による増水には充分気を付けていただきたい。（佐藤渉）

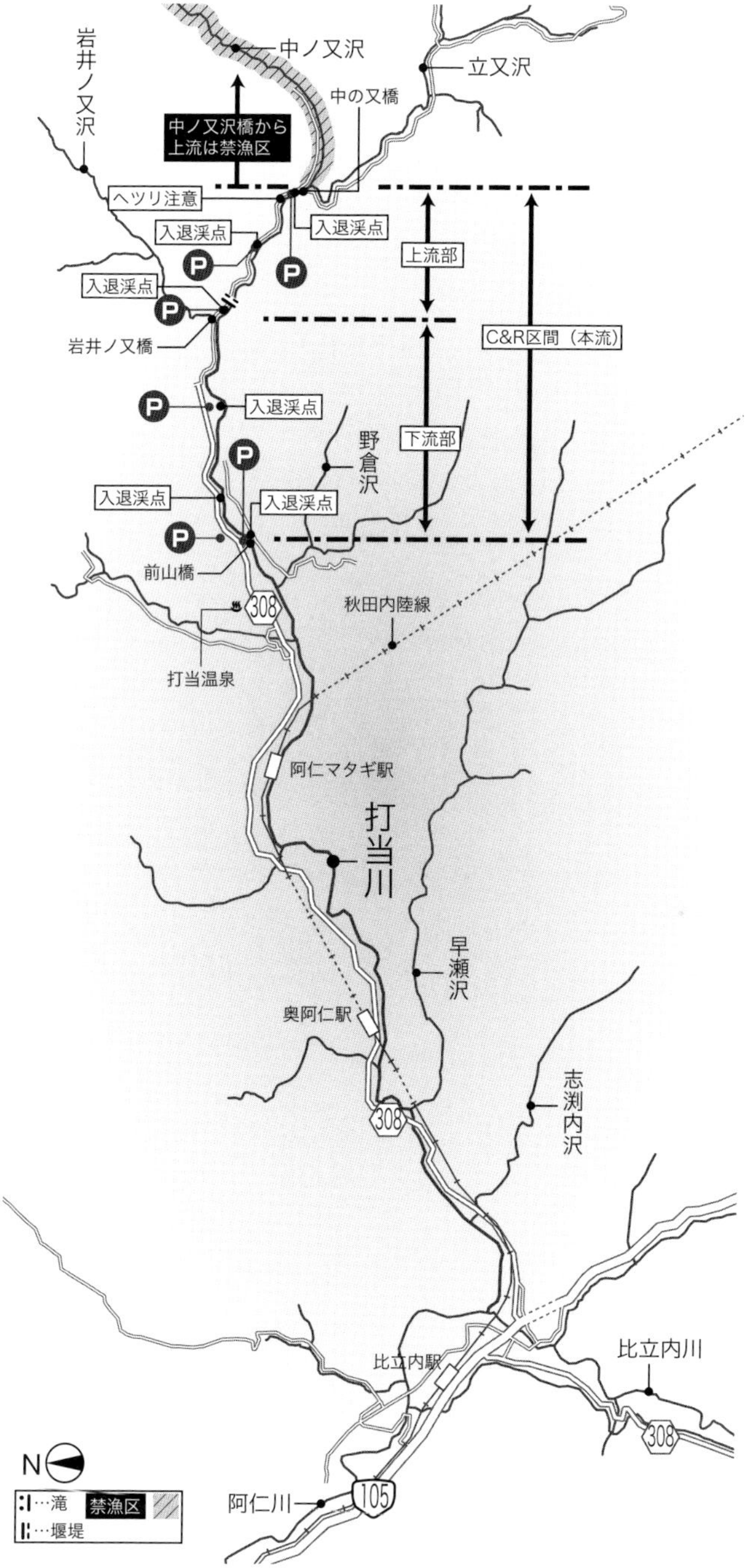

米代川水系阿仁川支流

鍰内沢《からみない》

雪代終了は5月下旬以降。エサ、ルアー、フライと楽しめる源流域だがキャンプ場や東屋などの施設も利用できる

鍰内橋から下流を望む。条件がよければ流れのヨレや岸際に良型が潜んでいる

鍰内沢は合流する小岱倉《こだいくら》沢と同様、流域に集落がない源流域で、比立内川へと流れ込み阿仁川に合流する。水源の白子森は標高１１７９ｍ。その白子森を含む１０００ｍ級の山々からなる出羽山地は、小阿仁川や三内川など反対側の河川も潤す保水力を備える。

鍰内沢は、桧山沢、天狗ノ又沢、そして一番大きな真角沢に分かれている。全体的な特徴としては、下流から中流部は平瀬がメインで膝前後の平瀬と堰堤の続く流れだが、上流に行くにつれ山岳渓流の様相となる。

●下中流部はタルミや岸際に注意

中流部にはキャンプ場や遊歩道など、森林公園的な施設があり利用できる。電気は通っていないが無料だ。地図上では県道が走り秋田市の三内川に山越えできるようになっているが、通行止が続いている。今後もどうなるか分からないので注意。

雪代が終わるのは、他の川同様、例年5月下旬以降。ここでは比較的入渓しやすい下中流部を中心に解説したい。

下流部は小岱倉沢との出合から始まる。上流には堰堤があり、その上はガレ場になっているため、県道右手の不動の滝辺り（林道から見える）から、上流の道路と落差がない所がポイント

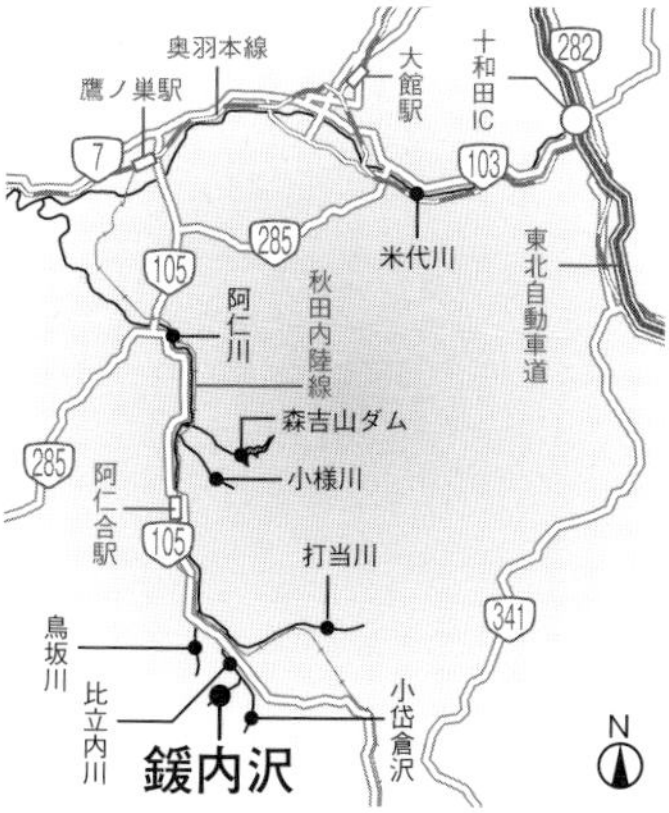

information

●河川名　米代川水系阿仁川支流鍰内沢
●釣り場位置　秋田県北秋田市
●主な対象魚　イワナ、ヤマメ
●解禁期間　3月21日～9月20日
●遊漁料　日釣券1500円・年券6000円
●管轄漁協　阿仁川漁業協同組合(Tel0186-72-4540)
●最寄の遊漁券発売所　松橋旅館(Tel0186-84-2007)、木村精肉店(Tel0186-84-2037)
●交通　東北自動車道・盛岡IC、秋田自動車道・大曲ICから角館方面へ向かうか、東北自動車道・十和田ICを降り、国道103、285、105号を経由し県道308号で鍰内沢へ

となる。

不動の滝付近にある駐車スペースを利用して川沿いから入渓する。上流1・5kmほどの林道入口までは川幅も10mくらいと広く、上空も開けているので釣り方を選ばす楽しめる。

浅瀬がメインで、エサ釣りは少し不利かもしれない。ルアーなら軽めのスプーンや小型ミノー、フライはドライのほか、ウエットなども面白い。

条件がよければ、流れのヨレや岸際に良型が潜んでいることがある。以前、岸際をねらっているとグッドサイズのイワナが潜んでいてドキッとしたことがある。ゆっくり釣って半日ほどの距離だ。

次の区間は、上流の鍰内橋を渡って左折すると100mほど下流に公園の東屋があり、ここに車を駐車し入渓する。落差はないので楽に入渓できる。流れは瀬と岩が点在して変化を作っている。

真角沢に架かる橋から上流を見る。エサ、ルアー、テンカラ、フライと楽しめる

保護色か、川底と同じ薄黄色がかった体色のイワナが釣れる

天狗又橋から下流を見る。川幅は狭くなるがイワナの姿はある

タルミにはイワナが潜み、ポイントが増えてくる。一見単調な流れでも、ていねいに探ると結果が出る。川幅も7mほどと開けているので、どちらかというとフライに分がある区間だ。

●真角沢はエサからフライまでOK

500mほど釣り上がると二又となりキャンプ場がある。右が天狗ノ沢、左が真角沢で、時間がない場合は東屋からこのキャンプ場までがおすすめの区間だ。車はキャンプ場にも駐車できるので、真角沢に入渓する際はここを利用して釣り上がるとよい。

天狗ノ沢は川幅も狭くなるが、上流までイワナの姿はあり、カーブごとの溜まりなどがポイントになる。ただし、林道が途中で終わっているので注意が必要だ。

本流筋の真角沢はキャンプ場の裏から堰堤があるがすべて巻ける。川幅はまだ5mくらいで、エサ、ルアー、テ

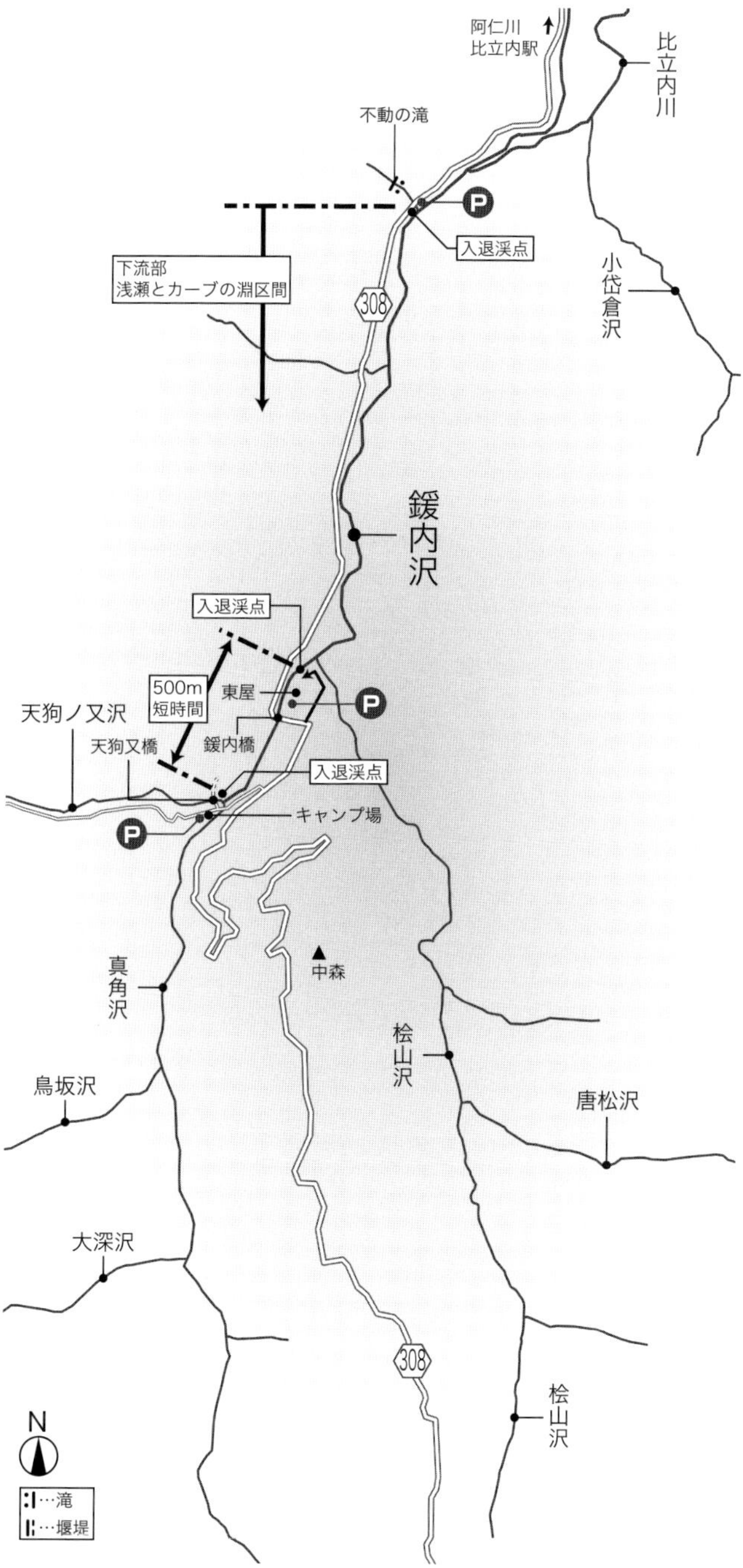

ンカラ、フライと楽しめる。所々木の枝が邪魔するのでテンカラ、フライは注意されたい。堰堤の3基目までは遊歩道を利用できるので退渓しやすい。

意外に入渓しやすい流れなので、深場は釣り方を変えたりすると効果的だ（フライの場合、ドライからウエットやニンフにしてみるなど）。川底が薄黄色がかっているせいか、保護色で似たような色のイワナが釣れる。

ほかの支流、桧山沢にも魚はいるが、木々が邪魔になる区間もあり今回は割愛させて頂いた。最後に、鍰内沢も周辺河川同様クマが多いので、充分注意されたい（佐藤渉）。

米代川水系阿仁川支流

小《こ》岱《だい》倉《くら》沢

1日では釣り切れない規模の支流。阿仁マタギの山の川本格シーズンは5月下旬から。林道工事等の情報にも注意

小岱倉沢は秋田県北秋田市の南方、標高1167mの大仏岳を水源とし、比立内川に合流したのちに阿仁川、米代川へと流れを合わせ日本海に注ぐ。

支流といっても、全区間を釣り上がるには数日かかるほどの規模だ。阿仁川上流域でも流程の長い一大支流である。特徴としては、下流部は鍰内沢との合流からナメ床と岩盤の淵やほどよい深さの瀬で構成され、ヤマメを主体にイワナも混じる。釣法を選ばない区間でもある。

中流部は瀬の落ち込みが主なポイント。早い時期は釣り方を選ばないが、盛期はテンカラ、フライに分がありそうだ。この辺りからイワナが主体になってくる。上流域は瀬が中心となり、イワナのみとなる。

解禁は3月21日からだが、なにせ山深い川なので、解禁当初はその年にもよるが残雪で入れないことも多い。雪崩による林道の災害復旧工事などで行く手を阻まれることもある。例年、雪代が治まる5月下旬からが本格シーズンとなる。

下流部は両岸が切り立った渓相であり、シーズン初期は降雨で増水すると通ラズになる個所もあるので、決して無理は禁物だ。7月下旬から8月中旬はアブの大発生もあって、衣服は黒系を避けたほうが無難。

また、阿仁マタギで知られるようにクマも多い地域であり、クマ除けの鈴は必携。ヤブを通る際も要注意。鉢合わせして襲われることが多いからだ。

上流まで川沿いに林道が通っているが、年によって伐採作業もあり、狭い駐車スペースは行き交う車の待避所に

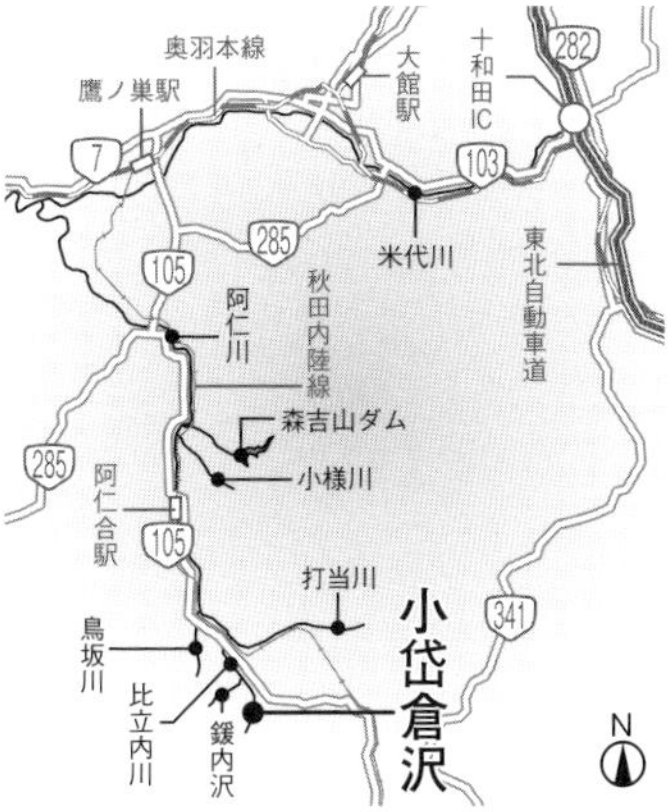

information

●河川名　米代川水系阿仁川支流小岱倉沢
●釣り場位置　秋田県北秋田市
●主な対象魚　イワナ、ヤマメ
●解禁期間　3月21日～9月20日
●遊漁料　日釣券1500円・年券6000円
●管轄漁協　阿仁川漁業協同組合（Tel0186-72-4540）
●最寄の遊漁券発売所　松橋旅館（Tel0186-84-2007）、木村精肉店（Tel0186-84-2037）
●交通　東北自動車道・盛岡IC、秋田自動車道・大曲ICから角館方面へ向かうか、東北自動車道・十和田ICを降り、国道103、285、105号を経由し県道308号で小岱倉沢へ

中流域は開けた渓相を見せる。瀬は膝前後の水深で、淵も点在するのでシーズンを通して釣りやすい

利用されるので駐車は控えたい。

●下流域は釣法を選ばず楽しめる

ここでは流れを大きく下流・中流・上流域と3つに分けて、入渓する時期、気候にもよるが、1区間1日コースと考えて釣行されたい。

下流域は、小岱倉橋を渡るとすぐ右に河原に下りられる道があるので、入渓点は分かりやすい。入ってすぐ河原になっているが、ほどなくナメ床と淵の区間になり、雪代が終わった活性が高い時期は良型がねらえる。

川幅は広い所で10mほどで、所々で狭まり木々の枝が気になる個所もあるが、それ以外は比較的開けており、エサ・ルアー・フライと釣法を選ばずシーズンを通して釣りやすい。特に、深い淵は魚の活性の高い時にじっくりねらいたい。

退渓は、林道が次の橋まで上流に向かって左岸を通っており、これを利用するには橋の手前で左から沢伝い（ほとんど水が流れていない）に上がる。ただ、両岸が切り立っているため、慣れていない方は無理をせず川を戻るほうが無難である。

先行者の確認も踏まえて、上流の橋まで一度ようすをみてから入渓するとよい。入渓点に駐車スペースがある。林道には次の橋まで2個所ほど退避スペースがあるが、トラブルの元となるので、この場所への駐車は避けたほうがよい。次の橋の手前にも広いスペースがある。

大白沢出合上流の流れ。岩の陰やタルミにはよいサイズのイワナが潜んでいる

●高低差がなく入渓しやすい上流域

中流域は大白沢の合流から川通しで入渓し、山猫沢または中沢出合まで探るとよい。渓相は開けており、瀬は膝前後の水深で玉石が入っており、淵も点在するのでシーズンをとおして釣りやすい区間。川幅は7～10mで、初期はエサやルアーがよく、雪代が終わって日が経つほどテンカラ、フライに分がある。

単調な瀬に見えても、岩の陰やタルミにはよいサイズのイワナが潜んでいることがあるので、ポイントに近づきすぎないこと。アプローチや立ち位置にも気を付けたい。手前の魚に走られると、本命ポイントも潰すことになりかねない。右岸から流れ込む大土中沢出合までは林道がまだ高く、退渓は注意したい。

最上流となる中ノ又沢。エサでピンスポットを探る釣りとなる

これより上流域は淵もあるが浅瀬が多く、開けているのでテンカラ、フライが釣りやすい。上流に行くほど林道との落差がなくなり、入退渓も楽になる。そのぶん訪れる釣り人も多く、プレッシャーも強い。流れのタルミはていねいにねらってみること。雨が降っ

瀬が主体の上流域はイワナのみとなる

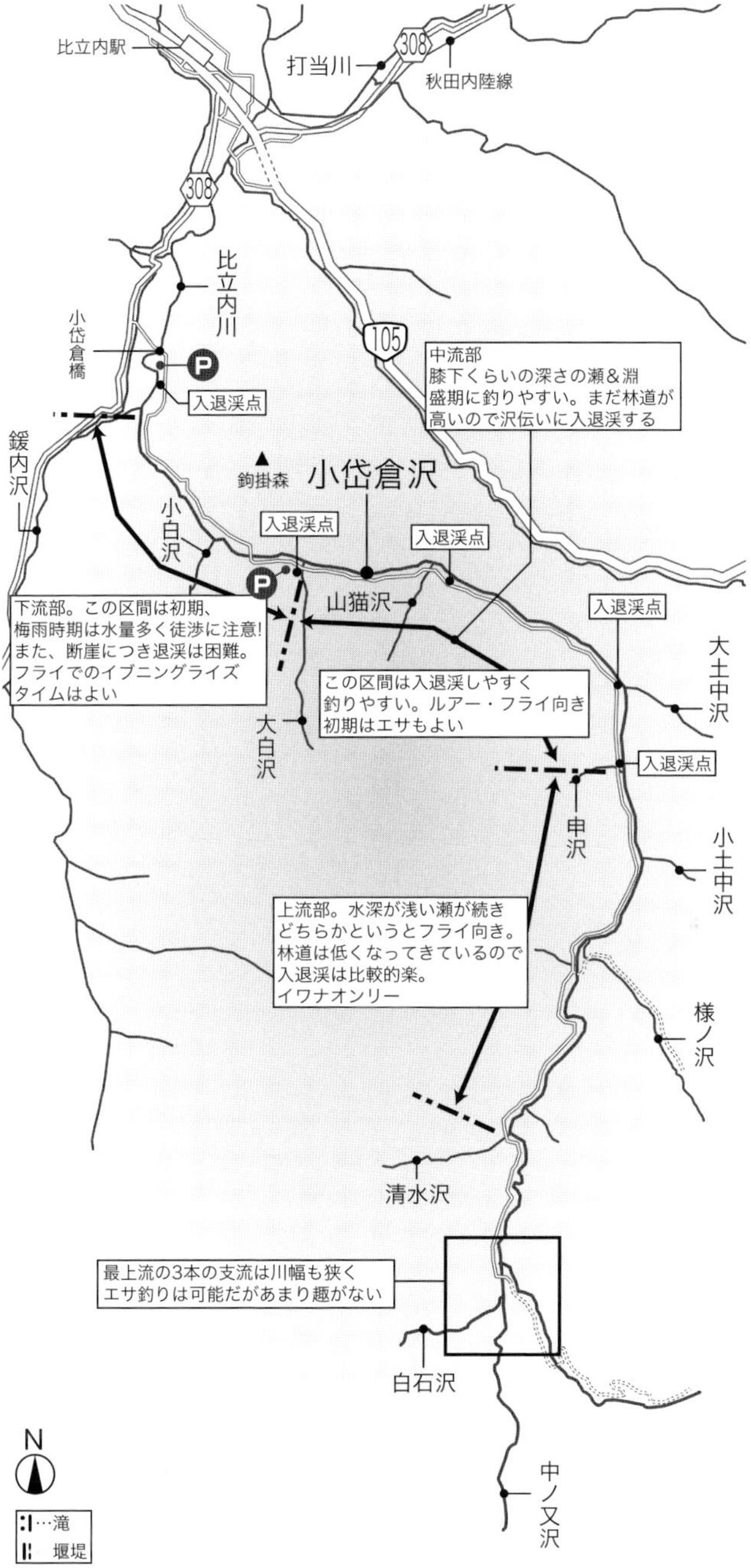

た後は点在する深みに良型が付いていることがあるのでアプローチは慎重に。森も開け、駐車スペースもそこそこあるので困らない。

申沢を過ぎると堰堤があり、その先の様ノ沢合流点までは川幅は約5～7m。流れは上流へ行くほど狭まるので短めのロッドが扱いやすい。清水沢や中ノ又沢は小沢になり、エサでピンスポットを探る釣りとなるが、なるべくなら種沢として残しておきたい。

小岱倉沢は知る人ぞ知る人気河川で入渓者も多いが、管轄漁協の努力や釣り人のマナーで魚影が保たれているのだと思う（谷地田）。

米代川水系

大《お》湯《おゆ》川

下流部はC&Rエリア、中上流部は支流のイワナがおすすめ
本流は取水の影響が大きい。禁漁区も多く事前確認を

古川橋の堰から発電所放水口まではC＆Rエリアとなり、ヤマメが放流されている

大湯川は秋田県北部を流れる米代川の支流の1つ。最上流部は十和田八幡平国立公園・十和田湖の外輪山付近で、本来は水量豊富な河川だ。「本来は」と表記した理由は、鉱山への電源供給で複数の水力発電所に水を供給するため取水堰より取水され、下流部では、多くの水が用水路を流れているからだ。このことが特徴的な釣り場を形成する要因となっている。

シーズンを通しての傾向としては、取水された期間は水量が少ないため、解禁当初から梅雨明けまでが有望となる。発電所の放水口から取水堰までは水量が多く、水温も低いので、少し渇水気味になってからが好釣果を期待できる。

もう1つの特徴としては、森の中を流れる支流や小沢が多く流入していること。これにより水量が安定し、数多くのイワナの釣果が期待できる。

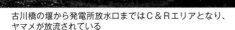

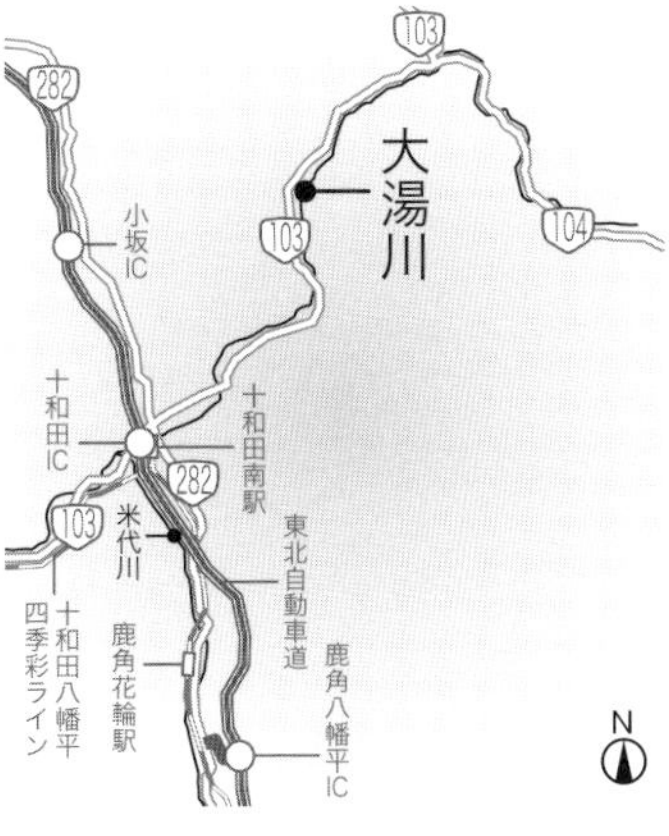

information

河川名　米代川水系大湯川
●釣り場位置　秋田県鹿角市
●主な対象魚　イワナ、ヤマメ
●解禁期間　4月1日～9月20日
●遊漁料　日釣券1000円・年券5000円
●管轄漁協　鹿角市河川漁業協同組合（Tel0186-35-2622）
●最寄の遊漁券発売所　ファミリーマート鹿角大湯店（Tel0186-37-3002）
●交通　東北自動車道・十和田ICを降り、国道103、104号を利用して各ポイントへ

●下流部・C&Rエリア

集宮《あつみや》発電所放水口から米代川合流までは本来の流れとなり、水量豊富で真夏でも渇水になることはほとんどない。春先はソ上のアメマスもねらえる。

国道285号の橋のすぐ下流にある堰から発電所放水口まではキャッチ&リリースエリア（以下、C&Rエリア）が設定されており、この区間だけにヤマメが放流されていて魚影も多い。

エリア内には低い堰が4つあり、その落ち込みがメインのポイント。釣り歩くという感じではなく、各ポイントを探って移動するのがおすすめだ。

●中流部・国道103号沿い

十和田湖へ向かう国道103号沿いに川が流れる区間で、比較的アクセスしやすく釣りやすい。中川原橋近辺から三菱マテリアルローリングダムまでは、比較的石が大きく水深のある瀬が続き、ポイントも多く釣り上がりなが

大川原橋より上流を望む。C＆Rエリアの上流部にあたる

中川原橋から上流を望む。大きな石の入った水深のある瀬が続く

ら楽しめる。

ホテル鹿角前から同和発電所放水口まではたっぷりの水で流れも強く、大きなプールもあり、毎年必ず大型のトラウトが釣りあげられている。

大湯の温泉街より上流は、発電所にほとんどの水が取られているため水量は乏しく、釣り場としての魅力は落ちるが、そのぶん遡行しやすく、釣りやすい場所が多い。

また、この区間は禁漁区が多く設けられているので、漁協などで確認されてから釣行されたい。

●支流・小国川、大楽前沢

鹿角、大湯川の釣り場で欠かすことのできない釣り場が上流域の支流、沢筋のイワナ釣りだ。鹿角地域は鉱山の多い土地柄で、下流域の魚を食する文化がなく、上流のイワナを釣り、山菜を採って食べるという文化がある。そのため漁協も積極的に上流域、沢筋の

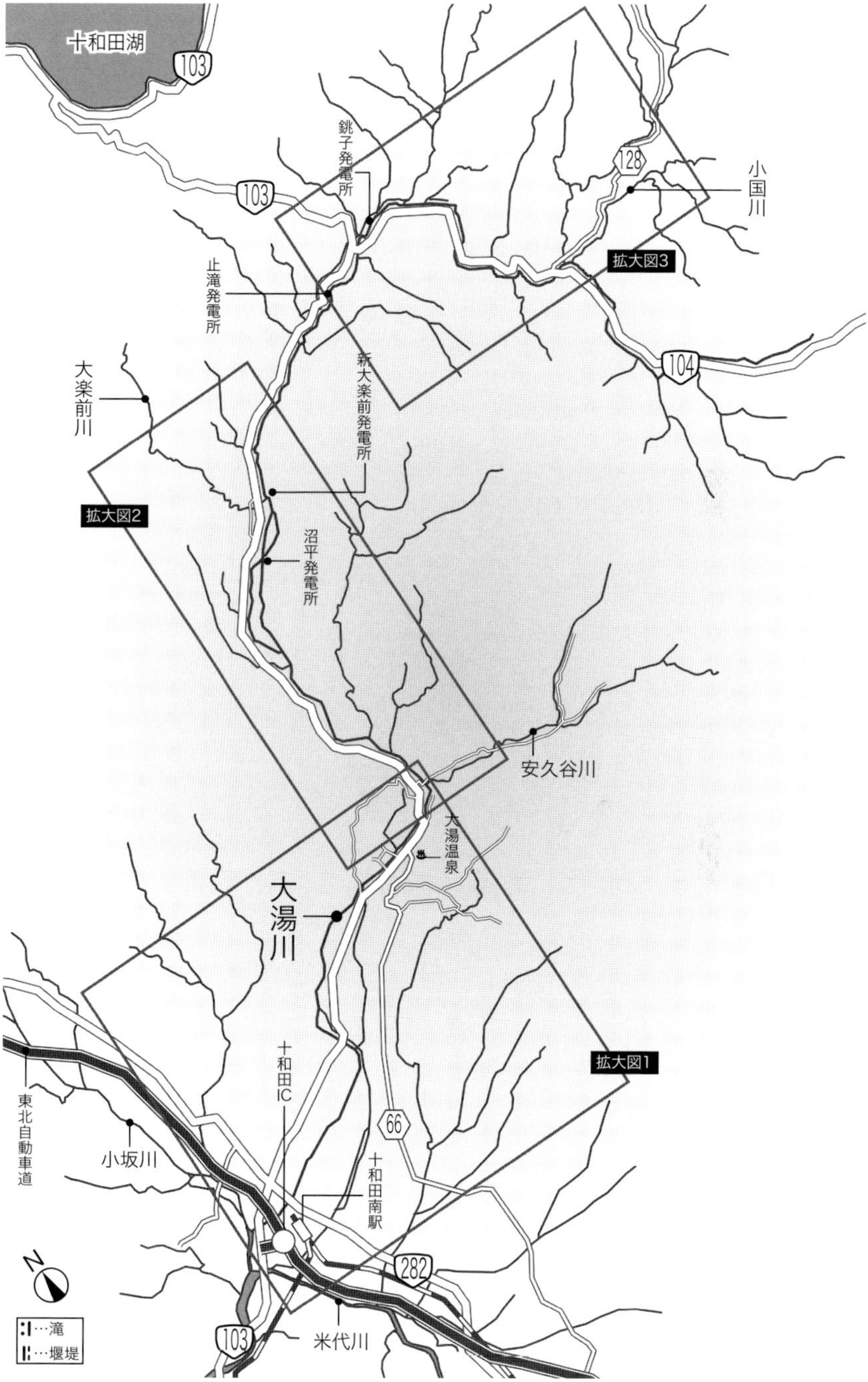
十和田湖
103
103
128
104
66
282
103
銚子発電所
止滝発電所
小国川
拡大図3
大楽前川
新大楽前発電所
拡大図2
沼平発電所
安久谷川
大湯温泉
大湯川
拡大図1
十和田IC
東北自動車道
小坂川
十和田南駅
米代川
N
…滝
…堰堤

大湯川で釣りあげた
33cm のヤマメ

支流・大楽前沢。広葉樹に囲まれた美しい
流れが続く

支流・小国川はチョークストリームを
思わせる渓相

管理をしていて、イワナの放流も多く行なわれている。

おすすめの支流は小国川と、大楽前沢。小国川は、落差が少なくチョークストリームのような独特の流れとなっている。河原がなく、雨で水量の多い時は遡行が困難となるので釣行時には注意すること。

銚子発電所取水口より少し上流に車止があり、そこからが釣り場となる。川に沿って道路が走り、所々に橋が架かっているので入退渓地点も分かりやすい。

大楽前沢は、釣り場入り口付近の水量が少ないのだが、すぐ上流に水道水の取水口があり、その上流には多くの水が流れている。広葉樹に囲まれ濁りにくく、水量も安定している好釣り場だ（廣嶋）。

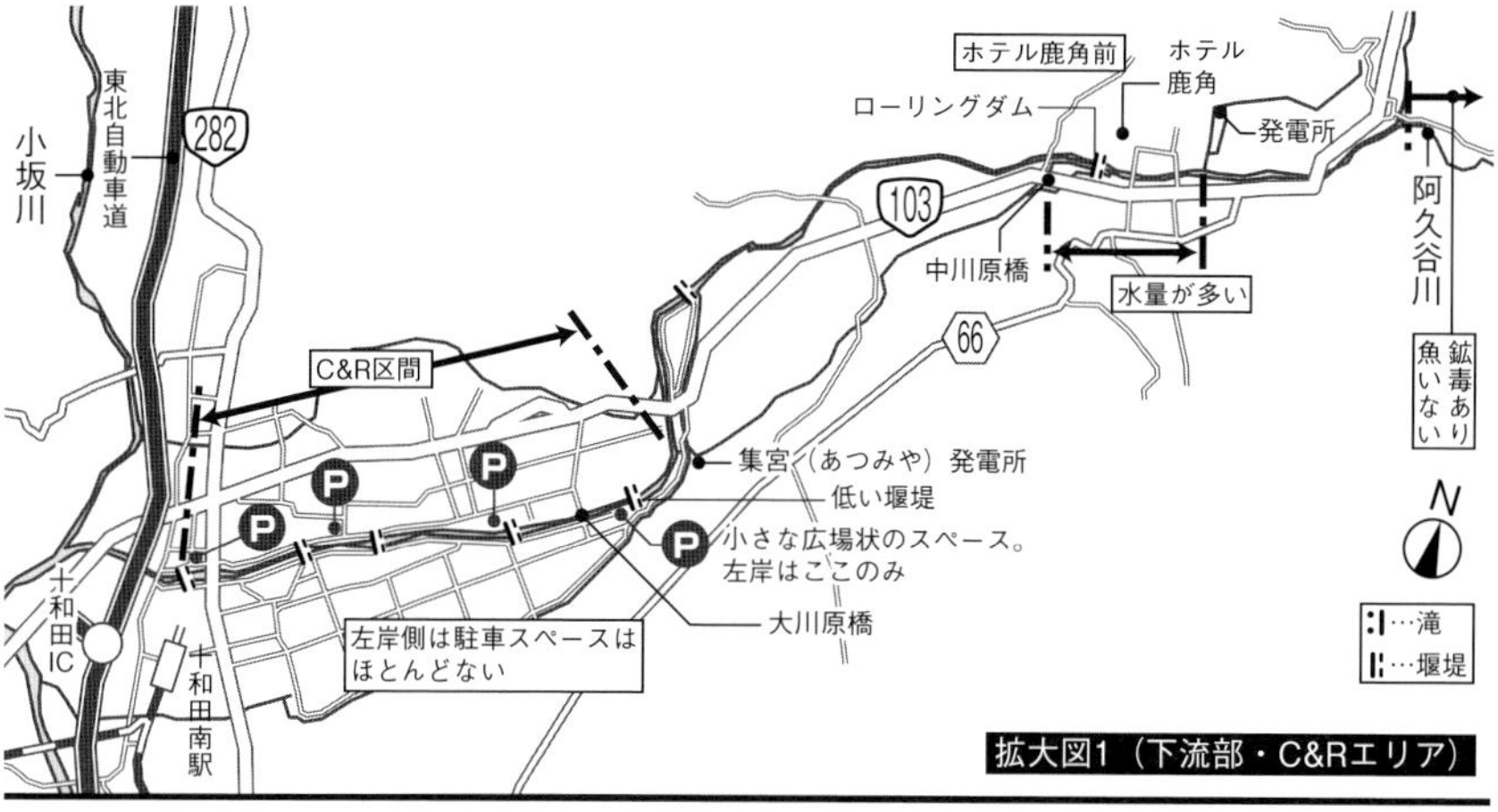

拡大図1（下流部・C&Rエリア）

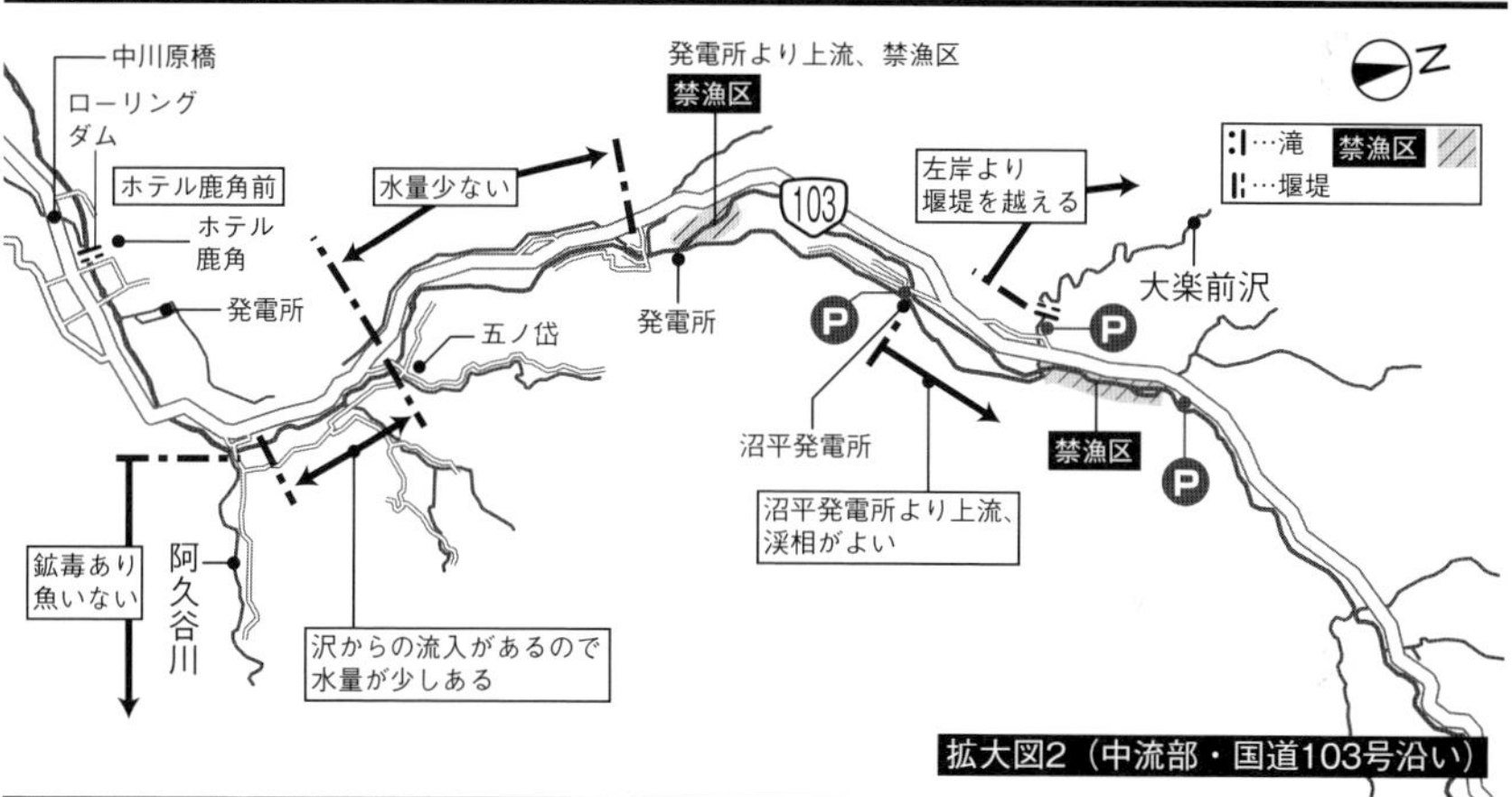

拡大図2（中流部・国道103号沿い）

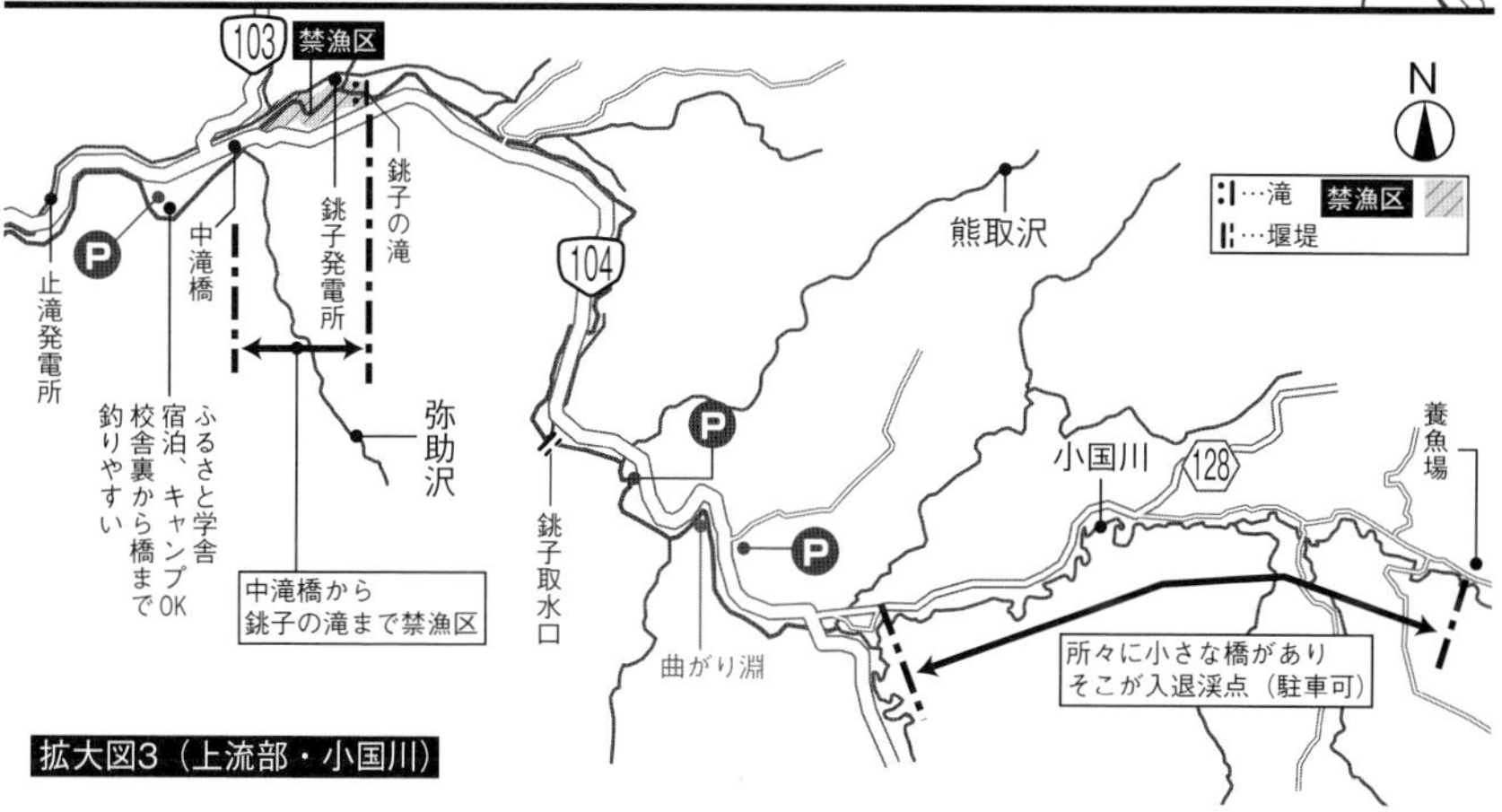

拡大図3（上流部・小国川）

米代川水系（岩手県）

兄川《あに》

米代川最上流部の支流。八幡平でも温泉流入の影響が少ない黒沢ダムを境に下流はヤマメ、上流はイワナねらい

兄川橋より上流を望む。石の大きさもほどよく、遡行しやすく釣りやすい

兄川は米代川の最上流部で合流する支流である。地理的には岩手県八幡平市を流れる川だが、県境であることと、秋田県の3大河川である米代川水系であることから本書で紹介させていただく。また、岩手県共通の遊漁券は使用できないので、管轄漁協の遊漁券を買い求めて釣行されたい。

十和田八幡平国立公園の東部を源に、秋田との県境を奥羽山脈に沿うように北へと流下した兄川は、兄畑地区で米代川と合流する。

八幡平を源とする川は温泉が流入する場合が多いのだが、兄川はその影響が少なく水質はよい。平成19年の豪雨、洪水によって一時は川が荒れて釣果も少なくなったが、現在では漁協の放流と自然の回復力によって、美しい流れが復活している。

東北でも屈指の豪雪地帯を流れているので雪代が治まる時期は比較的遅く、本格的な釣りシーズンはゴールデンウ

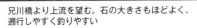

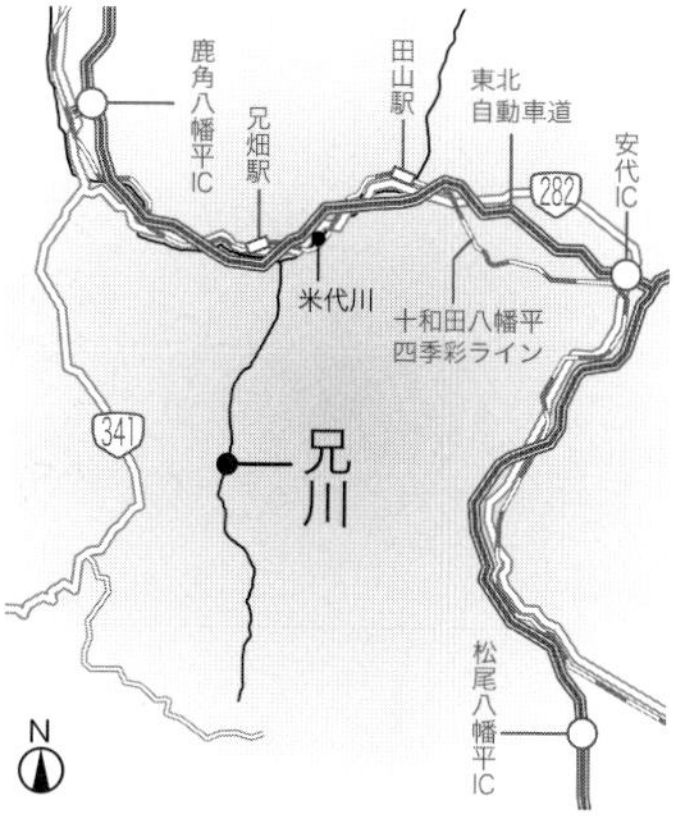

information

●河川名　米代川水系兄川
●釣り場位置　岩手県八幡平市
●主な対象魚　イワナ、ヤマメ
●解禁期間　3月1日～9月30日
●遊漁料　日釣券500円・年券3000円
●管轄漁協　岩手県米代川漁業協同組合（Tel0195-73-2631）
●最寄の遊漁券発売所　山本酒店（Tel0195-73-2218）
●交通　東北自動車道・安代ICを降り、国道282号で兄川へ

イーク以降となることが多い。水生昆虫が活発に動き出すのも年によって前後するため、6月頃がピークとなることもある。

●米代川合流地点から兄川集落付近

米代川合流付近は水量も豊富で、ルアーで大ものをねらったり、フライを伸び伸びとキャストできるエリア。

兄川集落付近は、川は道路と離れた低い場所を流れている。そのため入退渓点が限られ、一度川に入ると喧騒を忘れて楽しむことができる。

石の大きさもほどよく、流れの傾斜も大きくないため、遡行しやすく釣りやすい。点在する石が複雑な流れを作り、そこかしこにポイントを形成する。対象魚はヤマメ、イワナだ。

●折合《おりあわせ》橋から黒沢ダム

折合橋近辺から兄川第一堰堤までは川が道路のそばを流れ入渓しやすく、

折合橋より上流を望む。渓に沿うように道が走るので入退渓が楽なエリア

最上流部ではイワナとの出会いが待っている

安心して釣りが楽しめる。この辺りから河原の石が大きくなり、フリーストーンの渓相になってくる。

兄川第一堰堤から黒沢ダムまでは、渓は道から大きく離れる。大きな石や巨岩が現われ始め、水量も豊富でダイナミックな渓相を見せる。水深のある大場所が多く、大ものの期待大だ。

黒沢ダムまではヤマメも多く、実績も上がっている。ヤマメとイワナの定位する位置を考慮して探ることが大切。ヒラキに出ているヤマメを追いやると、釣果が伸びないこともある。

●黒沢ダムから上流

畳部《ほろべ》牧場から林道を下って行くと上流域の釣り場となる。途中で知恵の滝の看板が出てくるが、無視してそのまま真っすぐに進むと本川に出られる。

ここから上流の流れは二股、三股と分かれ、それに伴って水量が少しずつ減っていく。

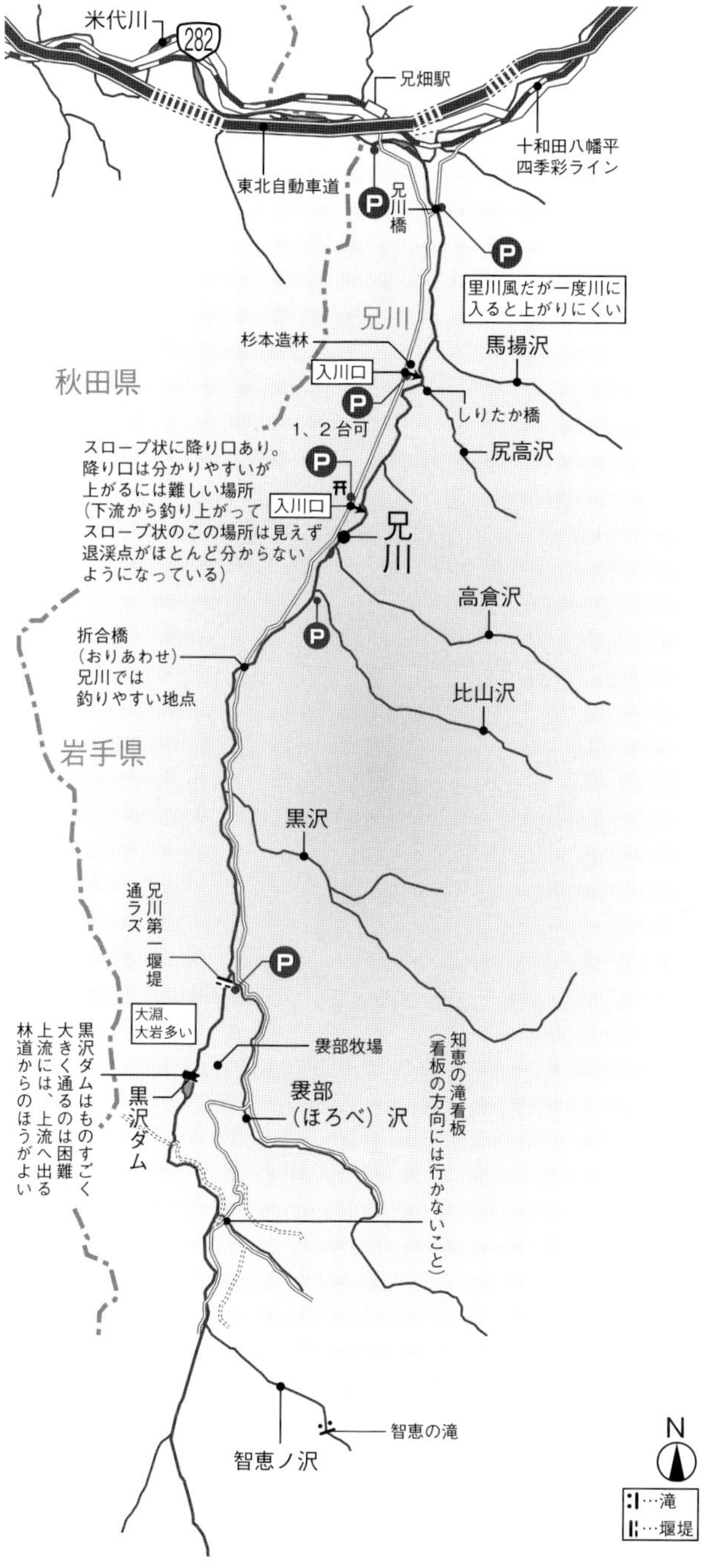

この辺りから山岳渓流といった趣だが、川は林道に沿って流れているので入渓は楽だ。ヤマメの放流も行なわれているが、この川の原種の黒っぽいイワナを、ぜひともブナの森で手にしていただきたい。

最初の橋から少し進み、左側の沢を上がって行くと知恵の滝がある。ぜひ一度釣り上がってみたいものだと思っている。右側の沢は奥深く、体力、脚力に合わせて楽しんでほしい（廣嶋）。

雄物川水系玉川支流

桧《ひ》木《の》内《き》川《ない》

アユ釣りの名川としても知られる自然豊かな山里の川
渓沿いに道が走り入退渓が楽。支流筋も魅力的

西明寺堰堤上流のトロ場

ていねいに流して探れば数が伸びる

桧木内川は雄物川水系玉川の支流。そのエリアは秋田県の内陸部、田沢湖の左側をイメージして頂ければよい。羽州街道（国道105号）沿いに川は流れ、一山越えれば阿仁川となる。秋田県仙北市の北部、高崎森に源を発するといわれ、角館市街地を過ぎた辺りで玉川と合流、さらに下流で雄物川と合流し日本海へと流れ込む。桧木内川は渓流釣りのほかにもアユ、サクラマスなどが楽しめる魅力満載の河川だ。

私が紹介するのは360度自然に囲まれた渓流釣りを満喫できるエリア。渓相は瀬・淵・荒瀬・岩盤・トロ場と

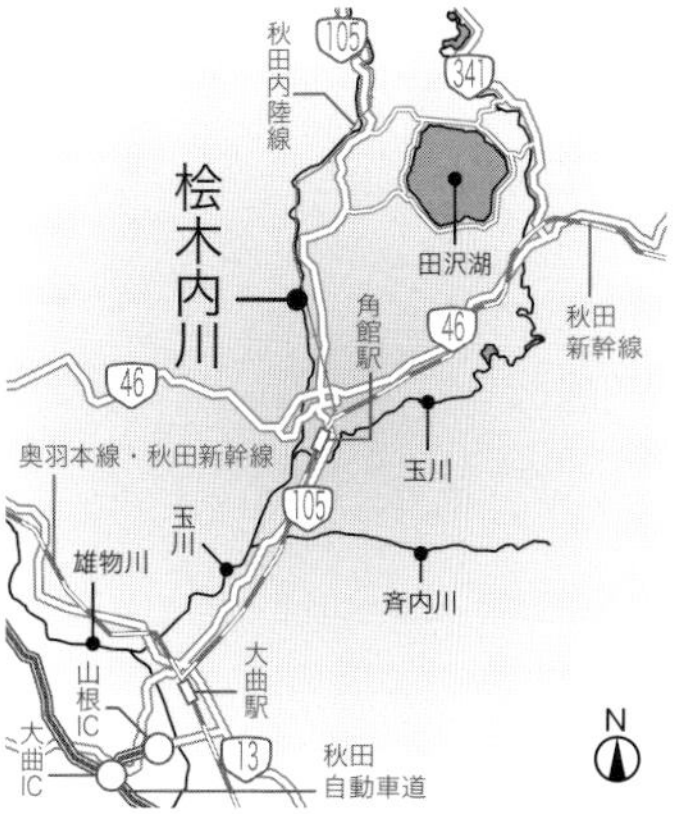

information

●河川名　雄物川水系玉川支流桧木内川
●釣り場位置　秋田県仙北市
●主な対象魚　イワナ、ヤマメ
●解禁期間　4月1日～9月20日
●遊漁料　日釣券1300円・年券7400円
●管轄漁協　角館漁業協同組合（Tel0187-55-4877）
●最寄の遊漁券発売所　ローソン西木西明寺店（Tel0187-47-2174）、上州屋大曲店（Tel0187-62-8221）
●交通　東北自動車道・大曲ICを降り、国道105号を北上して桧木内川へ

変化に富み、すべてを攻略するのは難しい。また比較的道路と並行しているポイントが多く、入渓しやすいのも魅力の1つだ。

　雪深い地域でもあり、解禁当初は残雪の影響を受ける。本格的な雪代が始まると本流での釣果は難しくなる。しかし桧木内川には支流がたくさんあり、放流も行なわれているので初期の逃げ場となる。

　本流は雪代が終わる5月中旬からがおすすめ。大小の堰堤が多くあり、その上下は好ポイントとなることが多い。川虫（クロカワ虫）も豊富で、現場でも採取できるが角館市街地なら簡単に採れるのでそこで用意して行くのも手だ。春先は山菜も多く、釣りの合間に充分なくらい採ることができる。

●西木町西明寺堰堤上流

　堰堤下も1級ポイントとなるが、場荒れが早いと感じる。堰堤上流は水深

八津駅周辺から上流の渓相。淵と瀬が交互に続く大場所が多い（右、下）

のあるトロ場が多い。なかなかサオをだす人も少なく、魚がストックされている。トロ場へ流れ出る岩盤混じりの瀬は比較的釣果が安定している。ウグイも混じるが、ていねいに流し続けると良型ヤマメが出る。特に左岸側は木がオーバーハングしてサオ抜けとなりやすい。

●八津駅周辺から上流

栃木橋近くに、かたくり館があり、目印になる。この周辺も釣れるが、もう少し上流を勧めたい。栃木橋を過ぎて羽州街道を上流に400m進み左折、舗装された道路を川沿いに進める。1㎞くらい進むと採石場がある。この区間は平日にトラックの往来があるので路上駐車は避けること。

砕石場より上流は、羽州街道と合流するまでの3㎞が未舗装の林道となる。駐車スペースは至る所にあるので、ほかの釣り人や山菜取りの方の邪魔にな

羽後長戸呂駅下流にある岩盤絡みの淵

らないように駐車したい。

渓相は、淵と瀬が交互に続き大場所が多い。7、8月はアブが多いので虫よけの準備もお忘れなく。またアユも放流されており、友釣りでも楽しめるエリアだ。

●羽後長戸呂駅周辺

駅周辺下流部（約1㎞下流）は岩盤絡みの淵が印象的。とにかく広くて探りきれない。このエリアも淵と瀬が交互に続く。石も大きく歩きづらい。ポイント移動はいったん林道に上がり次のポイントに入ることを勧める。

駅周辺から上流は下流部とは異なり里川の雰囲気となる。ポイントとポイントの間は変化の乏しいトロ場となる。入渓後のポイント移動距離は長くなるが、ていねいに探っていただきたい

●支流・小波内沢

吉田橋を渡り突き当たりを右折して

羽後長戸呂駅下流エリアの渓相

小波内沢。水質は抜群、小型中心ながらヤマメの魚影も多い

上流へ進む。小波内沢は奥深く比較的水量もあり、抜群の水質を誇る。谷間を釣り上がることになり、道路から離れる区間もあるので入渓は慎重に。小型ヤマメの魚影は多く、アタリは頻繁にある。良型も混じるので小さいと決めつけずしっかり釣っていきたい。

今回紹介している場所は、桧木内川の中流域になる。このほか上流にも魅力的なポイントがたくさんある。左通駅・上桧木内駅周辺もおすすめだ。

下流側は、角館市街地の桜並木周辺でもヤマメ（幅広銀ピカ）は釣れる。さらに下流・玉川もウグイ混じりで良型が出る。ぜひ足を運ばれ楽しんで頂きたい（波田野）。

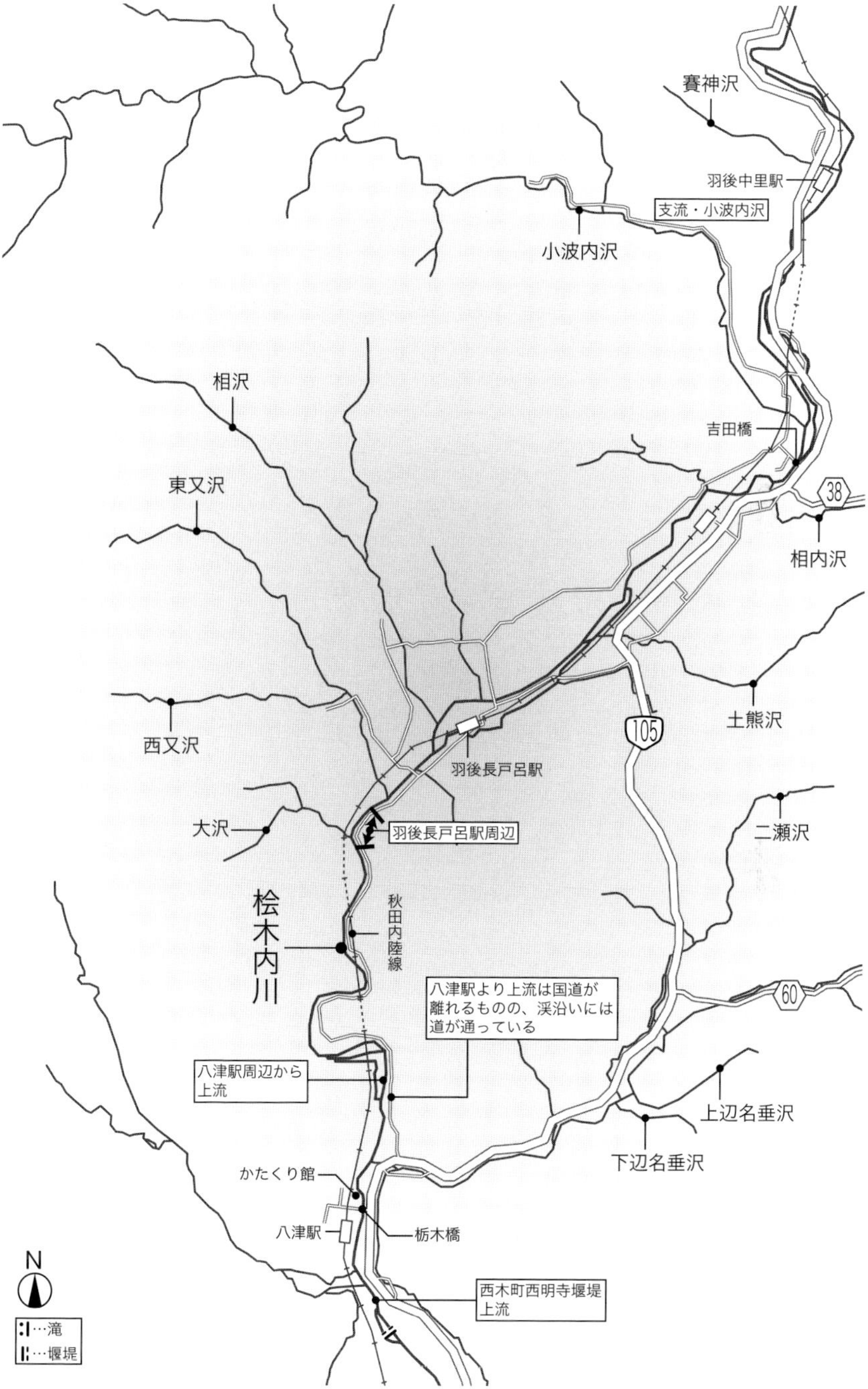
賽神沢
羽後中里駅
支流・小波内沢
小波内沢
相沢
吉田橋
38
東又沢
相内沢
土熊沢
105
西又沢
羽後長戸呂駅
二瀬沢
大沢
羽後長戸呂駅周辺
桧木内川
秋田内陸線
八津駅より上流は国道が
離れるものの、渓沿いには
道が通っている
60
八津駅周辺から
上流
上辺名垂沢
下辺名垂沢
かたくり館
八津駅
栃木橋
N
西木町西明寺堰堤
上流
…滝
…堰堤

雄物川水系玉川支流

斉内川《さいない》

真木真昼県立自然公園を縫うエメラルドグリーンの流れ
上流部は堰堤が連続するが尺ヤマメも期待できる

真木橋より下流を望む。渓相のよい流れからヤマメが飛び出す

奥羽山脈の薬師岳、中ノ沢岳を源に発する斉内川は、下流部は平坦な流れで魅力に乏しいが、真木《まぎ》渓谷と呼ばれる上流部は落差の大きな渓相に一変し、エメラルドグリーンに輝く流れと良型ヤマメが渓流釣りファンを楽しませてくれる。何基もの堰堤に寸断されているのが残念だが、これらの堰堤下では尺ヤマメも充分に期待でき、上流部はイワナもねらえる。

●2段の大堰堤まで数が望める

雪代後が盛期となるが年によって差があり、雪が少ない年は4月中旬以降、多い年は5月連休明けがシーズンである。梅雨期は水量が多く型ねらいが期待できるが、近年のゲリラ豪雨には要注意だ。２０１５年7月下旬はその集中豪雨で、斉内川河川公園（みずほの里ロードと斉内川が交差する所からの川沿い）付近の堤防が一部壊れ、上流部でも真木橋上流林道の4個所で崩落があった。壊れた個所付近は２０１５年12月現在立入禁止。上流も真木橋手前で車両通行止となっている（徒歩での通行は不可能ではないが慎重な判断が求められる。特に雨天時の前後は避けたい）。

また、当該個所の工事等も予想されるため、釣行の際は事前に漁協や役所に現地状況をよく問い合わせてからにしていただきたい。

釣り場は河川公園の先、最終家屋手前付近から上流がねらいめ。ここから林道が川に沿って走っている。低い堰堤の上流から入渓し、2段の大堰堤までが最初のコース。瀬が中心となり、夏場は幅広の良型が釣れる区間だ。長い瀬は下流部から丹念に探りながら釣り上がるのがコツで、水量が多めなら25cm級のヤマメがサオを絞り込む。

2段の大堰堤下は数釣りが期待できる。サイズも尺級の実績があり、ある程度粘る価値のあるポイントである。まずは下段の下から探り、アタリがなくなったら上段の深みをねらう。ここは水量が少ないと中小型がメインになるが、上段の堰堤から水がオーバーフローしているようなら、大型も含めて期待は充分。

大堰堤の上はプール状になっていて、朝夕のルアー釣りやフライフィッシングで超大ものもねらえるが、もちろんたやすくは釣れない。とんでもない大型のライズが見えることもあるが、エサ釣りではなかなか難しい。

これより上流は渓相のよい流れとなり、いたるところに好ポイントが出現する。しかしこの川の最も激戦区でもあるので、魚はややスレ気味。細イトに軽めのオモリで静かに釣りたい。やがて落差のある堰堤になり、ここも数釣りが期待できるが、やはり釣り人の多い区間だけにヤマメはスレている。

この堰堤から次の堰堤までの区間は、一気に落差が増すのと、入渓地点が分かりづらいこともあり、入渓者が少ない。比較的入りやすいのは、堰堤の上の土砂がたまった平らな区間から入るコースだが、水量が多いとチェストハイのウエーダーでも渡れない水深がある。また年によって流れのコースが変わり、簡単に降りられる年とそうでない年があるので、行ってみなければ分からない。もう1つは、林道から踏み跡をたどって川へ降りる道があるが、これはかなり慣れないと分かりづらく、落差が激しいうえに近くに駐車スペースもないので難しい。

●真木橋上流は好ポイントの連続

さらに林道を行くと真木橋に出る。

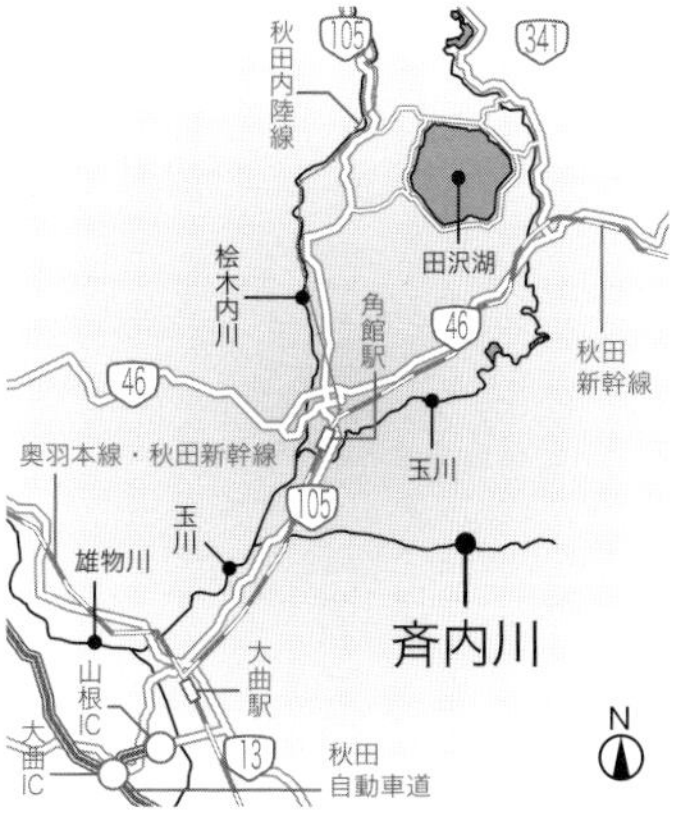

information

●河川名　雄物川水系玉川支流斉内川
●釣り場位置　秋田県大仙市
●主な対象魚　イワナ、ヤマメ
●解禁期間　4月1日～9月20日
●遊漁料　日釣券1000円・年券4000円
●管轄漁協　仙北漁業協同組合(Tel0187-63-5364)
●最寄の遊漁券発売所　奥羽山荘(Tel0187-88-1717)
●交通　秋田自動車道・大曲ICから本荘大曲道路で和合ICを降り、国道13、105号、県道261号で広域農道・みずほの里ロード方面に進み真木渓谷へこの辺りは流れが美しく、橋の上流側に駐車スペースもあるので入渓しやすい（前記したとおり平成27年12月現在、橋の手前で車両通行止）。

　ここからは上流にも下流にも大きな堰堤があり、その間はとても釣りやすい。ビギナーの人にもオススメできる区間である。

最終家屋手前付近の深瀬を釣る。ここから堰堤までポイントが連続する

真木橋上流の堰堤を巻くと、好ポイントが連続するが、深い淵に行く手を阻まれることがある。その年や水量によって深さが違うが、深い年は川通しできず釣り人が敬遠するため、短い区間ながらよく釣れる。技量のある人は流れと相談しながら入渓してみるとよいだろう。

　この淵から上流は安定した美しい流れが続き、ヤマメの型も悪くない。やがてイワナも混じるようになり、袖川沢の出合へと至る。上流は渓相がやや険しくなり、増水時は遡行困難になりやすいので注意。1日コースとしては、この辺りまでがオススメである。

　支流の袖川沢は、出合は落差の激しい流れだがすぐ穏やかになり、明るい沢である。イワナの渓だが本流のヤマメに比べてサイズは小さく、大きな期待はしないほうがよいだろう。

　斉内川でのタックルは、エサ釣りならサオは6～7m、堰堤下などの大場所は7m以上が有利だが、他のポイントは6・5m以下でよい。仕掛けは、魚が意外にスレているのでやや細めの水中イトを使ったほうが有利。0・2号を基準にするとよい。ただし尺ヤマメがけっこう潜んでいるので、あまり細くしすぎるのは禁物だ。

　また、ブッシュのない区間ではサオいっぱいでもよいが、夏場や一部の区間では30～50cm短くしたほうがよいところもある。その日の川の状況を見ながら判断したい。

　エサは川虫が断然よい。ヒラタがメインだが、大水が出た後や、年によっては現地で採取しにくいことがある。そのため予備エサとしてキヂ、ブドウ虫なども用意して釣行したい。大型ねらいには、ヒラタよりもクロカワ虫やキンパク、オニチョロ（カワゲラ）などが効果的。これらのエサは、数は釣れなくなるが型のよいヤマメがヒットしやすくなる（小池）。

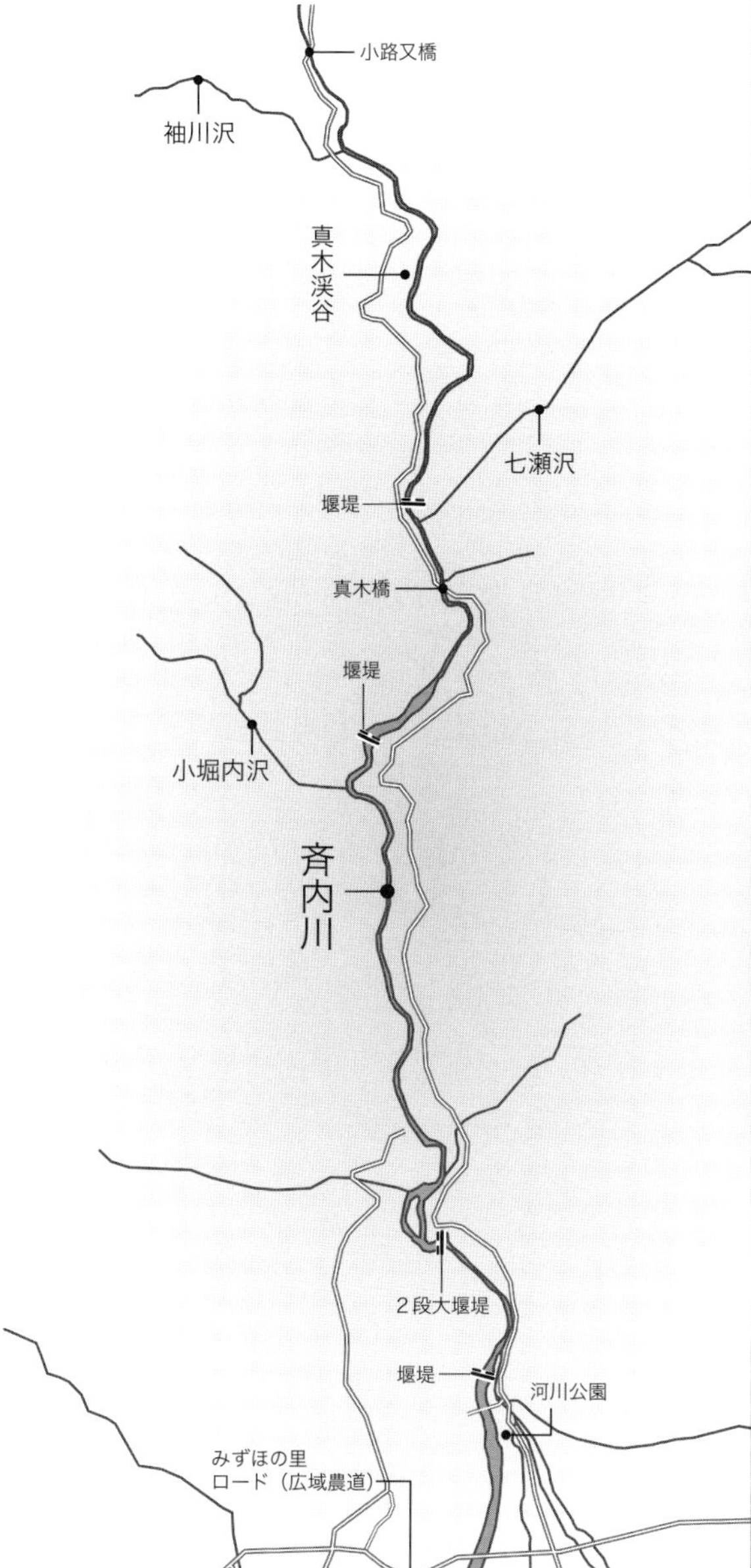

オーバーフロー中の２段大堰堤。数釣り、型ねらいも楽しめる好ポイント

真木橋下流の堰堤。細イトなら数釣りも楽しめる

真木橋より上流を望む。撮影日は橋下の淵でも尺ヤマメを手にしている

斉内川の良型ヤマメ

雄物川水系玉川支流

堀《ほり》内《ない》沢

マタギが活躍していた和賀山塊の名渓にイワナを追う
奇岩を愛でる遡行の楽しみ。蛇体淵では大イワナも期待

蛇体淵でテンカラを振る。下流の河原からここまでが、堀内沢で最も釣果を期待できるエリアだ

和賀岳の北面を流れる堀内沢は、玉川の神代ダムと夏瀬ダムの間に流れ込み、和賀山塊の名渓といわれている。かつて堀内沢はマタギが活躍していた。いまでも二股にはマタギ小屋が残されている。

二股はマンダノ沢と八龍沢に分かれ、八龍沢は和賀岳、マンダノ沢は朝日岳に突き上げている。下流部は河原から となり、下流部は河原が続く。入渓点は取水堰から二股までは滝らしい滝もなくゴーロと岩盤が交互に現われる。途中には、イノシシが突進してくるような岩やワニの頭の形をした岩、川のど真ん中に立つ三角錘岩など奇岩が点在する。

下流部は右岸側にはっきりした踏み跡があるが、川を渡った先の上流部の左岸側の踏み跡はかすかに残る程度である。

●下流部はイワナとヤマメの混生

堀内沢へのアプローチは、国道46号

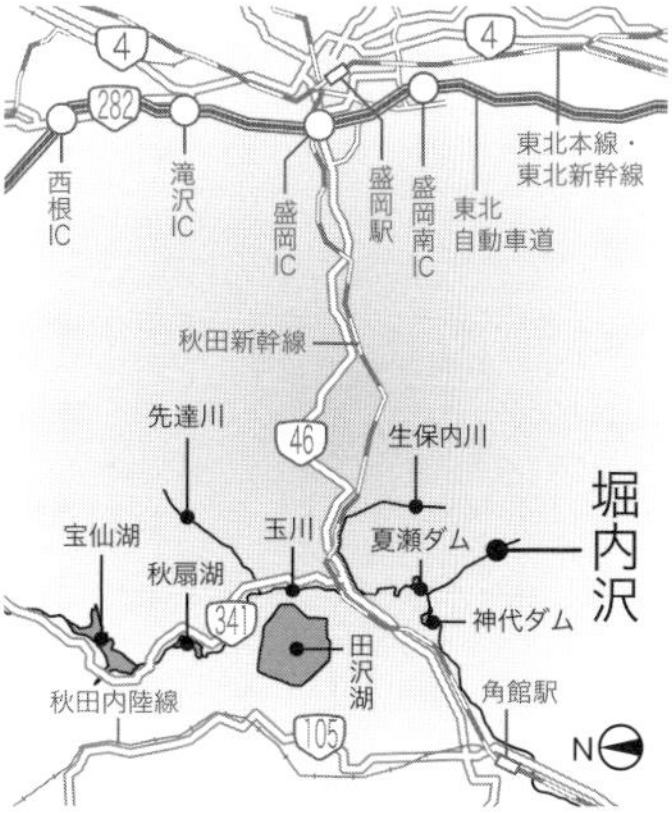

information

●河川名　雄物川水系玉川支流堀内沢
●釣り場位置　秋田県仙北市
●主な対象魚　イワナ、ヤマメ
●解禁期間　4月1日～9月20日
●遊漁料　日釣券1300円・年券7400円
●管轄漁協　角館漁業協同組合（Tel0187-55-4877）
●最寄の遊漁券発売所　ローソン田沢湖生保内店（Tel0187-43-1868）
●交通　東北自動車道・盛岡ICを降り、国道46号～夏瀬温泉を経由して堀内沢へ

から林道を使うと下流部にある堰堤まで行くことができるが、林道の入口を見つけるのは難しく、林道自体を走るのはかなり大変である。夏瀬温泉から抱き返り渓谷の遊歩道を使って堰堤まで行くほうが分かりやすい。この場合もうっかりしていると国道46号から夏瀬温泉に向かう道路を見逃してしまうので注意。

　また駐車だが、以前は気軽に夏瀬温泉に停めさせてもらえたが、近年は瀟《しょう》洒《しゃ》な高級温泉リゾートに生まれ変わった。事情を話して停めさせてもらった知人もいたが、現在は温泉手前の道路脇の空きスペース等を利用することになると思われる。

　堰堤からは平らな河原が続く右岸側に明瞭な踏み跡があって、距離を稼ぐことが可能だ。朝日沢出合までは、水量が普通ならば川沿いに遡行することができる。下流部はイワナとヤマメの混生である。時間に余裕があるなら、

堀内沢には奇岩が多い。川の真ん中に立つ三角錐岩でのスナップ

中流部の渓相。ゴルジュらしいゴルジュも滝もないので、サオをだしながら遡行できる

蛇体淵で出た尺上の美しいイワナ

サオをだしていきたい。川幅があるので6mくらいの長さのサオが振りやすい。ヤマメねらいなら、流れの芯にエサを流すように心がけよう。

朝日沢出合の左岸側に幕場適地がある。朝日沢もイワナがいる。朝日沢を過ぎるとイワナの聖域となる。二股までは、ゴルジュらしいゴルジュも滝もないので、サオをだしながら遡行することができる。ちょっとしたゴルジュの中で左岸から出合うシャチアシ沢もイワナがいるので、サオをだしてみるのもいいだろう。

●蛇体淵までが堀内沢の核心部

オイノ沢が左岸から出合うと、マンダノ沢と八龍沢出合の二股である。ここに幕場適地がある。ここをベースに上流部を釣るのがベストだと思う。オイノ沢を少し上がったところに、マタギ小屋がある。そこも利用可能だ。

八龍沢はイワナがいるが、すぐに直

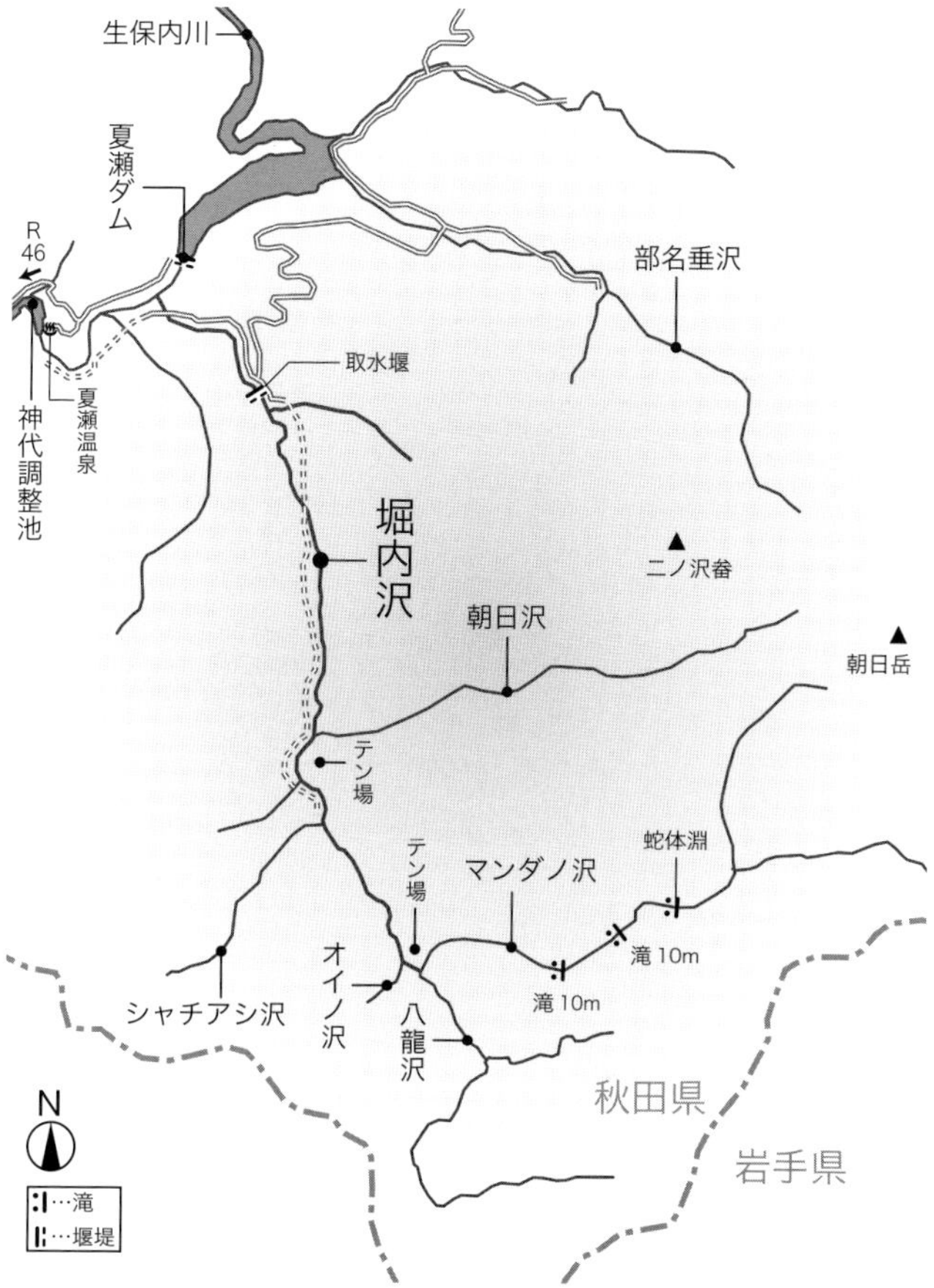

滝が出てくるので、上流を遡行するのでなければそこでサオを収めるのが妥当である。その上流は滝の連続となる。和賀岳直下の流れでイワナを確認したことがあるので、上流から放流されたのだろう。

マンダノ沢に入ると、美しい森の中に大石が連続するゴーロ帯になる。ポイントは多いので楽しめるが、ここで時間を食ってしまうと、蛇体淵まで行くのに時間切れとなってしまう可能性があるので、テンポよく釣っていきたい。7、8寸のイワナを中心に魚影は多い。

やがてゴーロの中に滝が現われる。滝壺は大きいので、大イワナの期待が膨らむ。滝を右岸側から巻いて上流に行くと、ふたたび滝が現われる。この滝を左岸から巻いて登ると平らな河原になる。この河原から蛇体淵と呼ばれる大きな淵をもつ滝までが、堀内沢の釣りで一番のポイントとなるだろう。

河原の浅い流れの中には尺イワナが数多く泳いでいる。テンカラでもエサでも釣ることができる。蛇体淵は大イワナの実績が高い。いきなり核心部をねらわず、遠目から淵に向かって徐々に釣るようにしよう。

蛇体淵の上流で川が二又に分かれるが、源流部の朝日岳直下近くまでイワナがいるようだ（丸山）。

雄物川水系玉川支流

県内外から渓流・源流釣りファンが訪れる人気河川
下流は本流ヤマメ、上流は山岳渓流のイワナ釣り

生《お》保《ぼ》内《ない》川

国道46号、秋田新幹線と並行して流れる生保内川は、朝日岳、大荒沢岳、モッコ岳の山々からの流れをまとめて北流し、途中で西に向きを変え玉川に注ぐ一大支流。

国道46号の仙岩トンネルを越えた所に「仙岩峠の茶屋（ドライブイン）」があり、昔はここから下降する林道を利用したのだが、現在はその先にある仙岩情報ステーション手前の道を折り返すように左折して入渓できる。

秋田新幹線・田沢湖線の架線をくぐると数年前にできた堰堤が見えてくる。

中流部を過ぎると山岳渓流の渓相になってくる

生保内川橋の欄干のモニュメント。釣りの最中にイヌワシと出会えるかもしれない

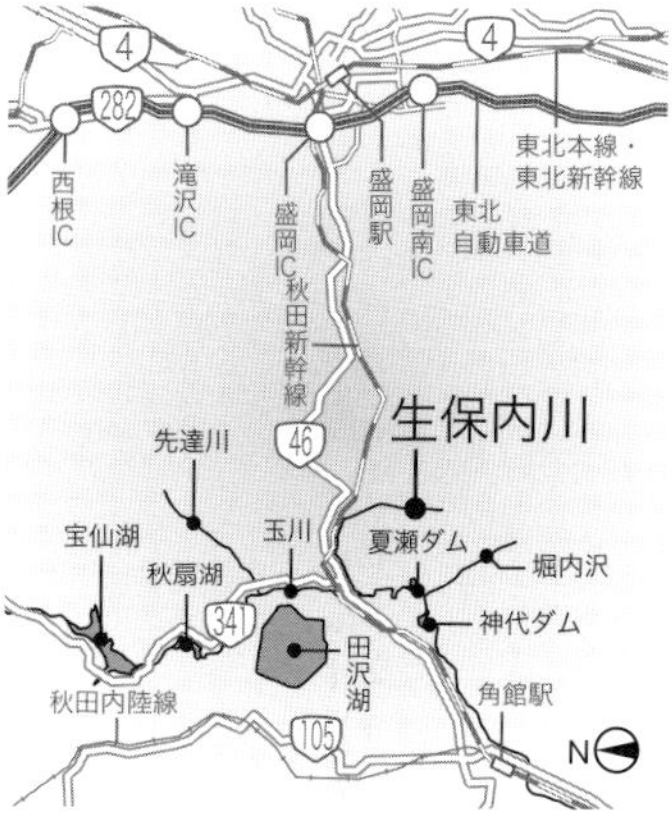

information

●河川名　雄物川水系玉川支流生保内川
●釣り場位置　秋田県仙北市
●主な対象魚　イワナ、ヤマメ
●解禁期間　4月1日～9月20日
●遊漁料　日釣券1300円・年券7400円
●管轄漁協　田沢湖漁業協同組合（Tel0187-43-3839）
●最寄の遊漁券発売所　ローソン田沢湖生保内店（Tel0187-43-1868）、ヤマザキデイリーストア田沢湖店（Tel0187-43-2448）
●交通　東北自動車道・盛岡ICを降り、国道46号で生保内川へ

その先は河原が広くなり、車はどこでも駐車することが可能だ。ロケーションもよく、秋田新幹線こまちを眺めながらサオを振ることができる。

●下流部では本流ヤマメねらい

国道46号を角館方面に向かうと、玉川出合近くの生保内橋へ出る。その手前にある田沢生コンを目印に左折すると最下流部の入渓点となる。駐車スペースは生コンの先にリモコンカー広場があり、迷惑のないように利用したい。

林道は1kmほどで行き止まりとなる。下流部だけに護岸されているが、充分な川幅と流速のある瀬の流れは、流心や浅い平瀬、タルミなどヤマメのポイントにはこと欠かない。

上流に架かる生保内川橋まで釣り上がりながら探ってみたい。橋の欄干にある大きく羽根を広げたイヌワシのモニュメントが印象的。イヌワシは田沢湖町内に営巣しており、監視員が常に

流れに架かる奥の線路は時折り秋田新幹線こまちが走る

望遠鏡などで確認しているそうだ。私も玉川支流・小野草沢への釣行の際、運よく2～3ｍの距離で見ることができた。

生保内川橋より野球場までがヤマメ釣り場の核心部。渓相も石の入った瀬やタルミ、瀬のヒラキなど変化に富み、20～26㎝の本流ヤマメが顔を出す。時折り混じるイワナも型がよい。

橋上流が漁協のヤマメ放流地点となっていることもあり、魚影の多さは折り紙付きで楽しめる。帰路は川通しで戻るか、国道を利用することも可能だ。

●上流部は巨岩の流れで良型イワナ

堀木沢前後の流れは開けていて釣りやすい。平坦な瀬はあまり変化がないが、岸寄りの淀みや、大岩周りの流れなど少しでも変化のあるポイントをねらってみたい。この辺りまでイワナに混じってヤマメが顔を出す。

林道を利用して車で入れるのは、年

にもよるがこの少し先までで、道が崩落している個所もある。また途中の曲り角などにも危険な所があるので、駐車時も安全をよく確認しておきたい。渓への下り口は随所にある。シトナイ沢の出合前後は深い森の山岳渓流となってくる。流れは平坦で落ち込みは少ないが、岩盤の巻き返しなどを丹念に探ると、型のよいイワナに出会うことができるだろう。

その先の本流はしばらく河原の続く渓相で、所々に淵も現われるがイワナはあまり出ない。

小ゴ沢、大ゴ沢を過ぎると、谷が深くなり巨岩が現われる山岳渓流の趣と

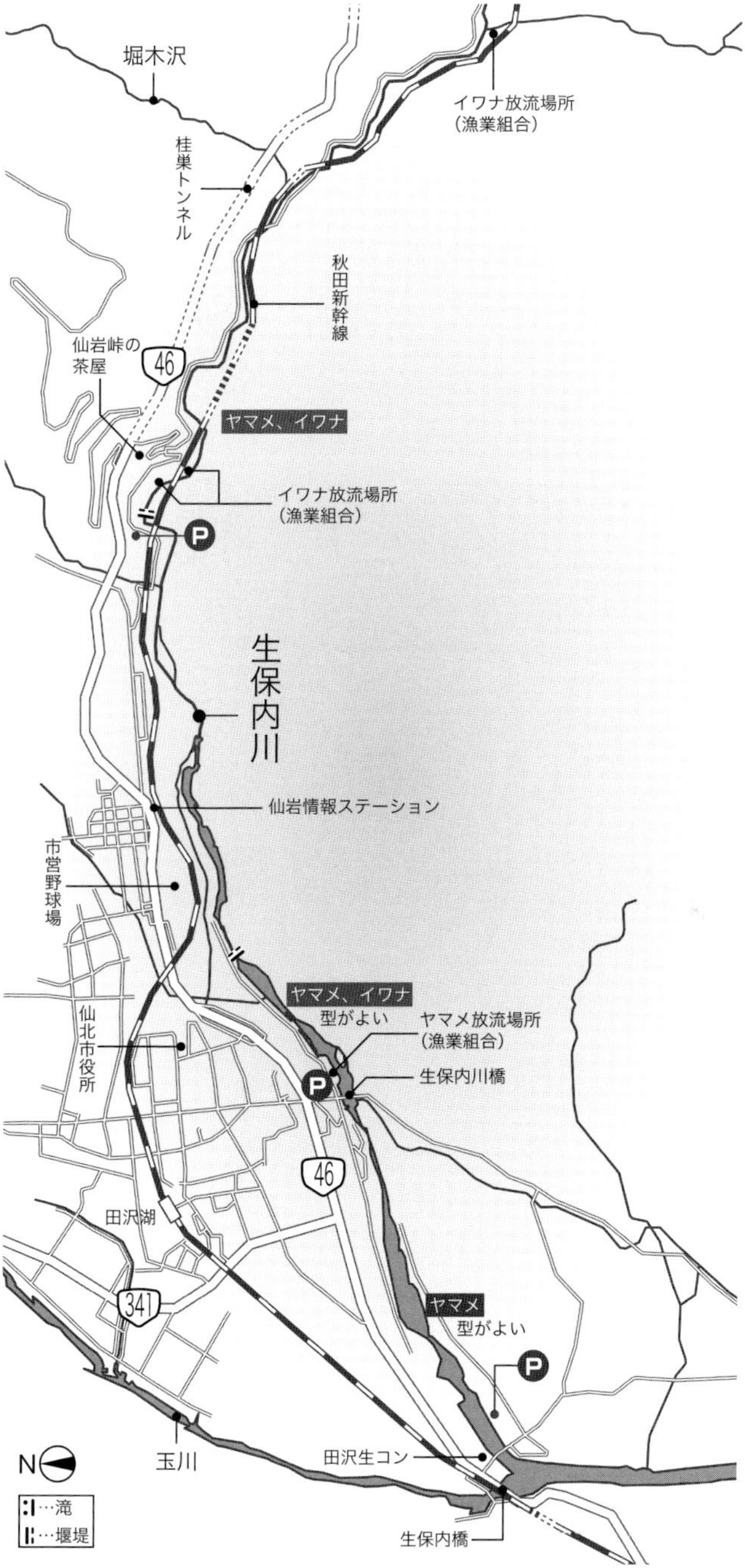

巨岩が点在する流れ。イワナの型も大きくなる

なる。渓相もよくなり、イワナの型も大きくなる。ゴーロの釣り場がしばらく続き、本流の魚止となるザコ止めの滝が見えてくる。

●支流・大ゴ沢

釣れるイワナの型は小さいものの、数が期待できる沢。滝を越えて行くと水量もいくらか少なくなるが、二俣以遠でもイワナは生息している。この沢は本流の種沢としての役割も担っており、小さなサイズはリリースを心がけて後の世代へ楽しみをつなげていきたい。管轄漁協による放流も堀木沢、大平沢、シトナイ沢出合付近に毎年なされている。

●支流・シトナイ沢

昔の堰堤工事に使用されたのか不明だが、右岸に車道があるものの現在は使用できない。堰堤を越えて行くと渓相がよくなり、ポッポッと良型のイワナが顔を出す。堰堤でもよく釣れた記憶がある。

さらに上流を目差して釣り上がって行くと、最終と思われる大きな堰堤が見えてくる。左岸を巻いて上流の河原へと出られる。その上はゴルジュの明るい谷となり、変化に富んだ渓相が楽しめる。

シトナイ沢は本流と遜色《そんしょく》ないほどの水量と流れで、イワナの魚影も多い。奥の深い沢で私も詰めたことはないが、最上流で二又に分かれた流れは、いずれも滝で魚止となっているようだ。そこまではイワナがいると聞いた（岡田）。

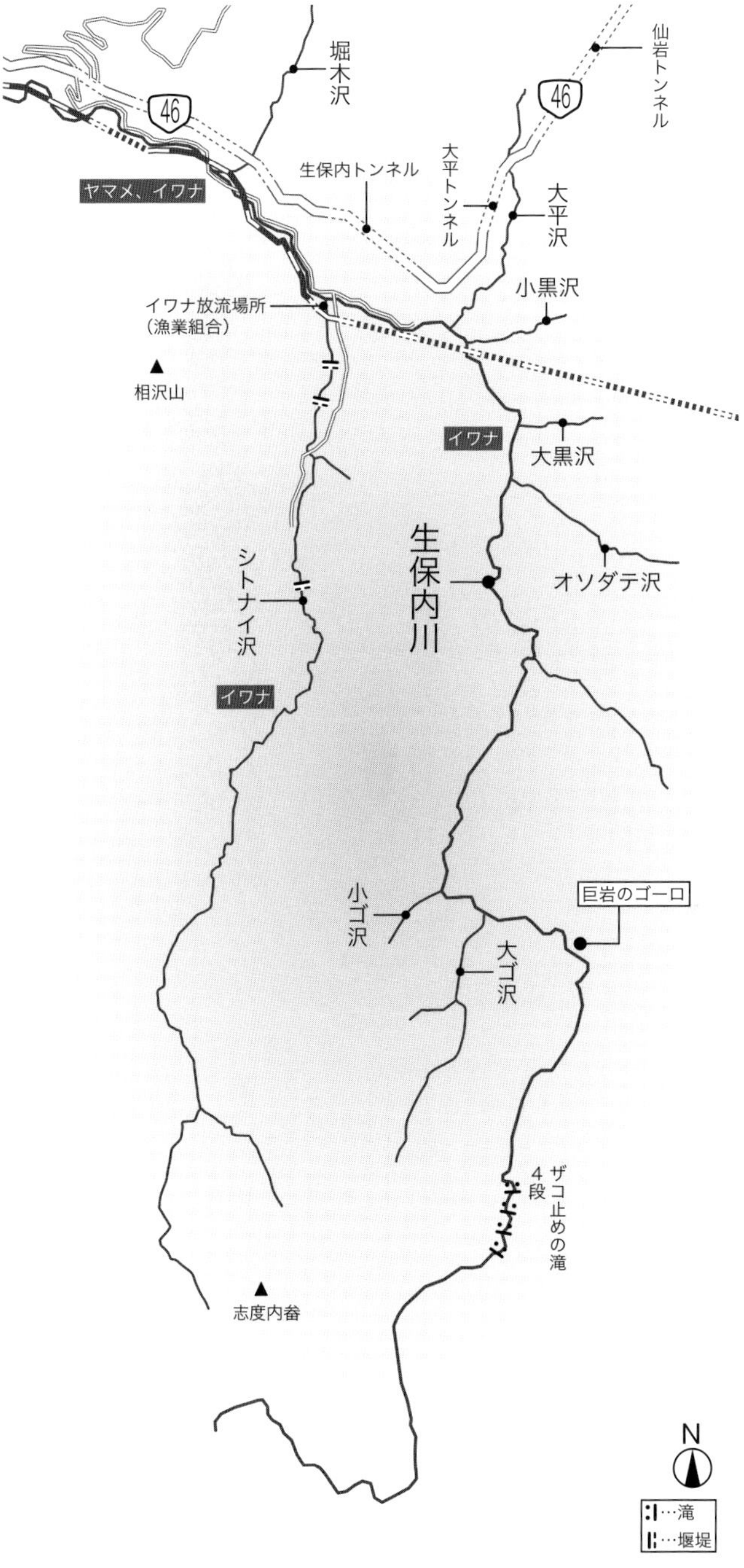

雄物川水系玉川支流

乳頭温泉郷をはじめ人気の温泉に囲まれた高原の渓
先達川、小先達川ほか各沢に野性味あふれるイワナが潜む

先達川《せんだつ》

先達川の源流域には、秘湯として人気の高い乳頭温泉郷、田沢高原温泉郷などがあり、温泉成分が多少流入しているのか白っぽい濁りを見せている。

先達川と周辺の渓は県内でも人気の高い桧木内川が近隣にあるせいか入渓者は少なく、あまり場荒れもしていない穴場的な存在だ。解禁はこれまで3月21日だったが、2016年度より4月1日に改められた。

下流より石神橋を望む。長ザオで楽しめる釣りやすい渓相。良型のヤマメも期待できる

●玉川合流下～下流部（玉川）

春の早い時期は、玉川合流点から少し下流、石神橋の前後（玉川）がおすすめ。橋を渡ると数台駐車できる小さな広場があり、そこから河原へと降りられる。

瀬の流れからウグイ混じりで良型のヤマメが楽しめる。住宅街を流下するため釣趣には欠けるが、それを補うような釣果が期待できる。

国道341号を鹿角方面へ向かい、

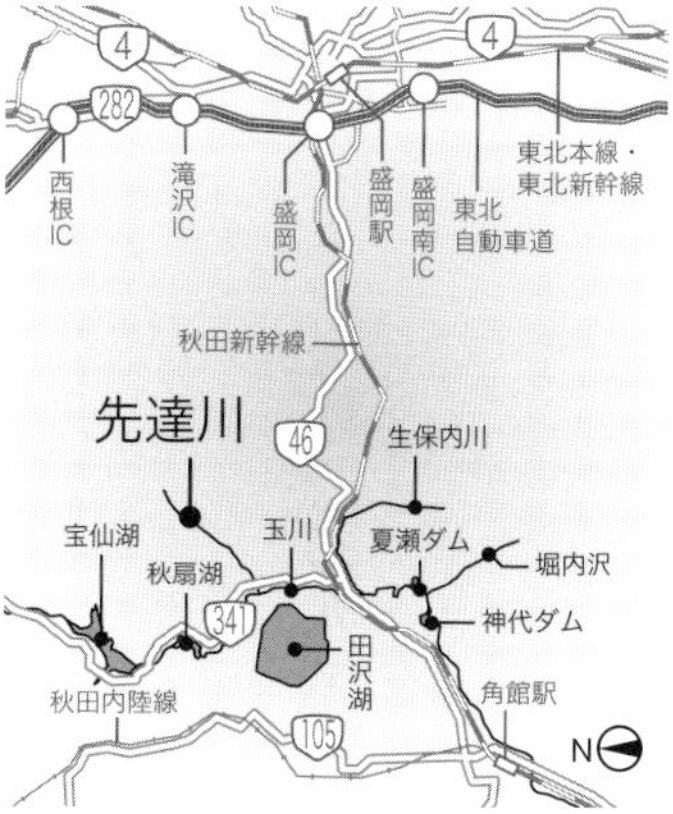

information

●河川名　雄物川水系玉川支流先達川
●釣り場位置　秋田県仙北市
●主な対象魚　イワナ、ヤマメ
●解禁期間　4月1日～9月20日
●遊漁料　日釣券1300円・年券7400円
●管轄漁協　田沢湖漁業協同組合（Tel0187-43-3839）
●最寄の遊漁券発売所　ローソン田沢湖生保内店（Tel0187-43-1868）、ヤマザキデイリーストア田沢湖店（Tel0187-43-2448）、仙岩峠の茶屋（Tel0187-43-1803）、ログハウスの宿・仙人（Tel0187-46-2619）
●交通　東北自動車道・盛岡ICを降り、国道46、341号、県道127号を経由して先達川へ

先達川を渡らず直前で右折すると東北電力・先達発電所からの放水路が見えてくる。左岸に沿う道に駐車可能だが、崩落しそうな地点もあり、必ず安全確認されたい。また上流の採石場から大型車が出入りするので、くれぐれもトラブルのないように注意したい。

田沢湖地区は豪雪地帯なので、雪代のシーズンは流れも想像以上に厚い。落差のある大岩の間を1本の筋となって流下するため、川切りは不可能。岸を上がることになるが、左岸の道は採石場で一旦終わるが、少し上流からまた林道が沿うようになる。

右岸は鶴の湯温泉へ向かう遊歩道が利用できるものの、崖崩れなどもあり車の通行はできない。徒歩ならどこからでも入渓は可能だ。

雪代時の釣り方だが、工夫が必要。サオは7mほどの本流ザオが有利で、仕掛けも目一杯の長さで臨みたい。オモリだが、軽いとアッという間に流さ

石神橋より上流を望む。釣れてくるヤマメ、イワナは豊富な流れに磨かれた良型が期待できる

れてしまうため、全くポイントに入らない。どっぷりと沈められる重さにするが、その場合は大岩のエグレに噛まれないように操作に細心の注意が必要となる。釣れるヤマメ、イワナは、豊富な流れに磨かれた良型が期待できるのが魅力となっている。

●中流部

国道341号から小先達交差点を右折して県道127号を田沢高原温泉郷方面へ向かうと、旧高野牧場の手前左側に入る角に「いわなの里　こまちの湯」の小さな看板がある。

ここを左折し、川に沿うように走る林道に入る。林道は1㎞ほど続くが、どこからでも入渓できる。渓相も大岩の点在する瀬や、落ち込みのプールと変化に富んだ流れを見せる。大黒沢出合まではイワナ7：ヤマメ3の割合で釣れる。

県道127号をさらに上流へ向かうと、旧高野牧場先の左側にログハウスの宿「仙人」が見えてくる。遊漁券のノボリも目印となる。ご主人は付近の渓流釣り場に精通しており、田沢湖漁協の理事も務めているので、遊漁券購入の際に詳しい釣況も聞けるだろう。

宿の先に林道があるので利用できる。発電所手前付近に駐車スペースもある。渓相も下流部と同様、大岩の流れで川幅も広く釣りやすい。

ここから上流は川通しでの遡行となる。ヘツリが必要な所が1個所あるので、足元に充分注意して進んでいただきたい。

夏場は東北電力が制限をするため水量はかなり落ちるが、釣り方を工夫すれば釣果は上がる。水量が落ちるぶん遡行しやすく、ポイントのメリハリも出てくる。エサ釣り、毛バリと充分楽しめる。魚影の多さも安定している。管轄漁協の熱心な稚魚放流の成果でもあり、将来は県の指導で卵放流も考え

先達発電所より上流の流れを見る。渓相も大岩の点在する瀬など変化に富む

ているようだ。

●支流・馬形沢

先達発電所の先から左岸に林道が沿っている。小渓だがポイントごとに小振りながらイワナが釣れる。春先にねらってみたい。

●支流・小黒沢

先達川の右岸にある別荘地を抜けると林道が二又となり、そこに車が停められる。左へ行けば小黒沢の最上流へと続く。階段状の流れは落ち込みの連続で、野性味あふれる黄色い腹のイワナが飛び出す。一淵一淵を大事に探ると釣果が上がる。

本流出合から入渓すると落ち込みの渓相がしばらく続き、平坦な流れとなるが、ちょっとした変化にイワナが付いているので見逃さないようにしたい。帰りは林業の杣道が右岸に付いているので利用できる。

●支流・大黒沢

遊歩道を進み小黒沢に架かる小さな鉄橋を渡る。しばらく行くと分かりづらいが遊歩道は左へと続くが、直進してヤブを分けて進むと本流出合付近に出る。壊れた昔の鉄橋の上からが釣り場で、しばらくは高度を上げるが変化に富んだ流れを見せている。

所々に深い落ち込みやトロ場があり、飽きのこない釣りが楽しめる。5月の連休頃に入渓すると、まだ残雪があるので注意。新緑の時期になれば、すがすがしい気分で遡行できる。

釣り人の姿を見ることがなかったこの沢も、最近は地元の方などが入っているようだ。イワナも放流らしい個体が混じるようになり、近年はヤマメまで釣れてビックリさせられた。

●小先達川

有名な秋田駒ヶ岳、男岳を源に玉川へと注ぐ小渓流。田沢湖高原温泉郷に

先達川のイワナとヤマメ

向かう国道127号を挟んで先達川と小先達川が流れている。

小先達川は知る人ぞ知るヤマメの川。下流は「森の風　田沢湖」（旧ホテルタザワ）前から入渓できるが、駐車には注意されたい。

ホテル前は護岸されていて、その少し先から入渓できる。しばらくは瀬の続く渓相で、あちこちの流れからヤマメが出る。特に流心の深みでは良型も期待できる。サオは5m前後が使いやすい。仕掛けは2m前後と短いほうが釣りやすいようだ。放流場所にもなっていて魚影は多い。

その先、牧場手前の舗装されたカーブに駐車スペースがある。畑と林を抜けて入渓できる。この付近から多少落差が出て、黒っぽい底石も大きくなる。釣れるヤマメも型がよくなってくる。

さらに上流を日差すと流れが二つに大きく分かれるが、どちらを釣り上がっても30分ほどで再度合流する。釣果もイワナが混じるようになる。

しばらくするとダム下へ出るが、ここまで美しい魚体のヤマメ、イワナが楽しめる。

●小先達川のダム上流

ダムにはヤマメとイワナがいて、フライで楽しむ人も多いようだ。ログハウスの宿仙人には、このダムで釣りあげたという巨大なヤマメの剥製が飾られている。それを見るたびに「私もいつかは……」と思うのだが、なかなか釣れない。

ダム上流の流れはイワナの渓。駒ヶ岳温泉の先で大和田沢砂防堰堤の工事が進められており、ここまでの流れも深みや落ち込みなどでイワナが釣れる。漁協による放流も行なわれている。

工事個所をやりすごすと林道も終わる。再入渓すると堰堤の連続する渓相ながら、まだまだイワナの顔を見ることが可能だ（岡田）。

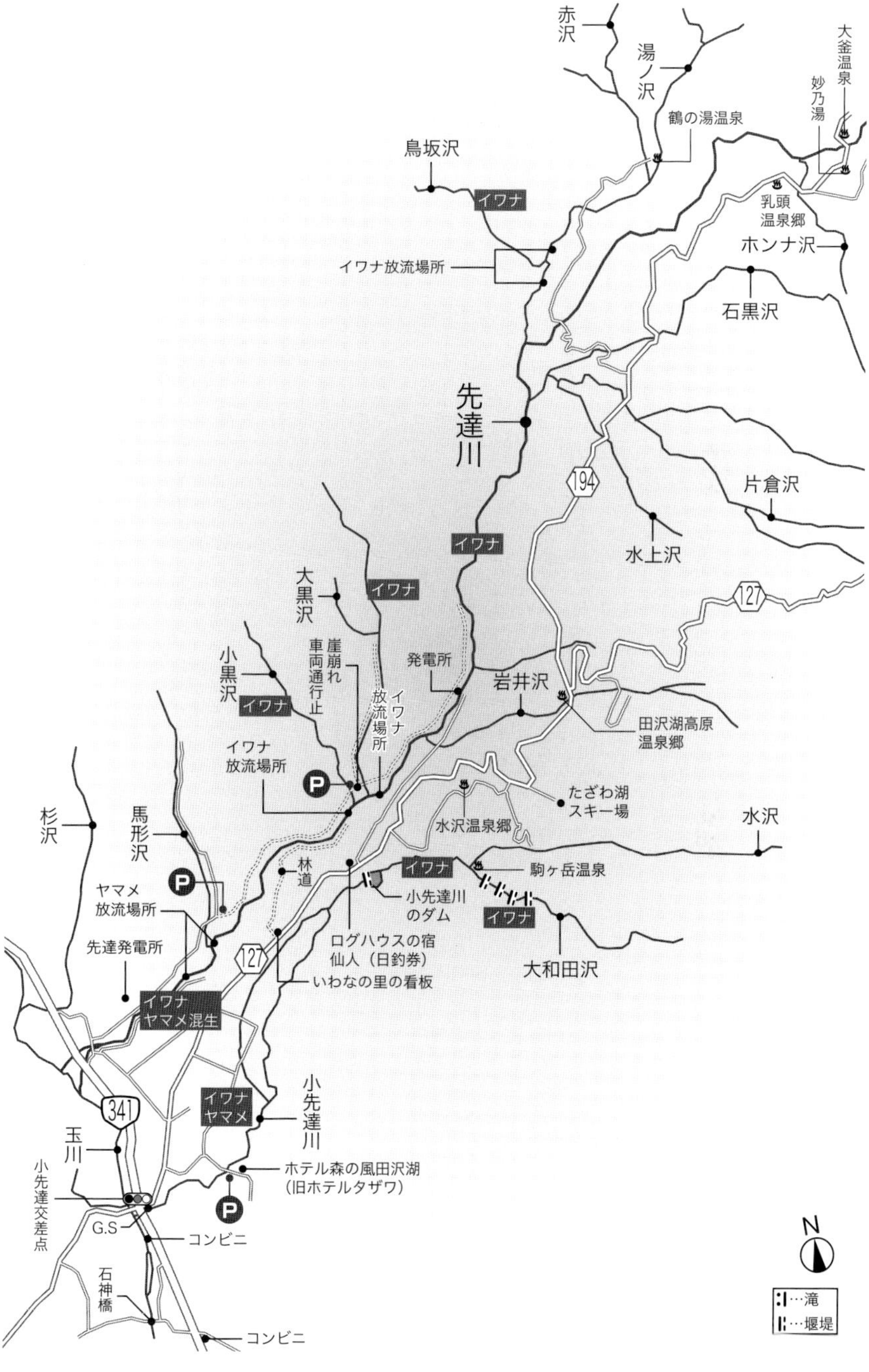

赤沢
湯ノ沢
大釜温泉
妙乃湯
鶴の湯温泉
鳥坂沢
イワナ
乳頭温泉郷
ホンナ沢
イワナ放流場所
石黒沢
先達川
194
片倉沢
水上沢
イワナ
127
大黒沢
イワナ
崖崩れ車両通行止
イワナ放流場所
発電所
岩井沢
小黒沢
イワナ
田沢湖高原温泉郷
イワナ放流場所
たざわ湖スキー場
水沢温泉郷
杉沢
馬形沢
水沢
林道
イワナ
駒ヶ岳温泉
小先達川のダム
ヤマメ放流場所
イワナ
大和田沢
ログハウスの宿
仙人（日釣券）
先達発電所
127
いわなの里の看板
イワナ
ヤマメ混生
341
イワナ
ヤマメ
小先達川
玉川
ホテル森の風田沢湖
(旧ホテルタザワ)
小先達交差点
G.S
コンビニ
石神橋
コンビニ
N
…滝
…堰堤

雄物川水系玉川支流

小《こ》和《わ》瀬《せ》川

魅力的な沢に恵まれた宝仙湖に流れ込む小渓
全体にナメ床が多いが稚魚放流もなされ今後も期待充分

小和瀬川1号橋から上流を望む

小和瀬川は、十和田八幡平国立公園内に位置する宝仙湖（玉川ダム）へと流入する渓で、酸性河川として知られる玉川の支流だ。国道341号を田沢湖から玉川温泉方面に向かうと、いくつかのトンネルを抜けた右側に玉川ダムサイトが見えてくる。

宝仙湖に沿って国道を進むと、たもとにカモシカのモニュメントが設置された湖を横断する男神橋に出る。自然と調和して美しい景観を醸し出す宝仙湖。その鮮やかなコバルトブルーの湖面は、上流・玉川温泉に含まれるアルミニウムの粒子が青い波長の光だけを反射するからだといわれている。

男神橋を渡り一軒宿の先を左折して林道へ入るのだが、山菜シーズン（特にネマガリタケの採れる頃）は、駐車するスペースがほとんどないほどの盛況ぶりとなるので注意されたい。

また、2016年度より小和瀬川を田沢湖漁協が管轄することになり、山菜採りの入山料金とともに遊漁料の徴収も行なわれるようになった。

ここでは小和瀬川の主だったポイントと、支流を順に紹介していきたい。

●上流に行くほどイワナが優勢に

小和瀬川に架かる小和瀬1号橋の手前に林道がある。上流で流れ込む様ノ沢付近まで続いているが、すれ違いができないほど道幅が狭いので注意。所々にある待避スペースを利用するが、ここに駐車を余儀なくされるため、くれぐれもすれ違えるスペースを空けておくように駐車すること。

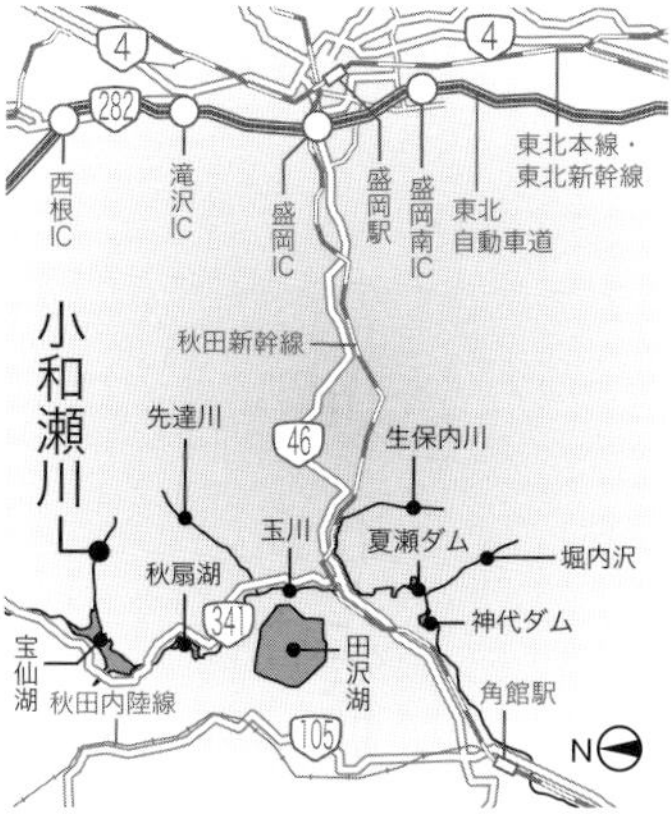

流れに木の枝が張り出す渓流相に変わるとウグイの姿が減り、やがてイワナのみとなる

林道を進むと左側に中ノ又沢林道があり、すぐに中ノ又沢に出合う。この沢はナメ底ながら、ウグイ混じりでイワナが釣れる。かなり上流までウグイは顔を見せる。上流に発電目的の取水堰堤がある。

本流域も高低差が少ないせいかウグイの魚影が多いが、めげずに釣り上がると木々に覆われた渓流相に変わる。ここまでくるとウグイの姿もなくなり、イワナの魚影のみとなる。夏場の渇水期でも釣果が得られるのも魅力だ。

●湯ノ又沢

あまり落差のない流れで底石も小さい。開けた明るい流れのため日中は釣りづらい。夏場はかなり渇水となるので敬遠したほうが無難だ。春先がメインの釣り場と考えてよい。

●岩ノ目沢

舗装された林道を進むと、銅屋沢（釣り不可）を過ぎて架かる橋が岩ノ目沢橋。橋を渡った右岸に走る岩ノ目沢林道を利用して入渓できる。林道に入るとすぐに堰堤が現われ、堰堤上流からが釣り場となる。

平成27年からイワナが放流されており、居着きの良型に混じって小型も掛かるようだ。小渓なので夏場は渇水気味となり、釣りづらいこともある。

●濁沢

名前と違って澄んだ流れの沢で、底石も多く、夏でも水系随一の水量を誇

information

●河川名　雄物川水系玉川支流小和瀬川
●釣り場位置　秋田県仙北市
●主な対象魚　イワナ、ヤマメ
●解禁期間　4月1日～9月20日
●遊漁料　日釣券1300円・年券7400円
●管轄漁協　田沢湖漁業協同組合（Tel0187-43-3839）
●最寄の遊漁券発売所　ローソン田沢湖生保内店（Tel0187-43-1868）、ヤマザキデイリーストア田沢湖店（Tel0187-43-2448）
●交通　東北自動車道・盛岡ICを降り、国道46、341号を経由して宝仙湖方面へ

湯ノ又沢は春先がメインの釣り場

中ノ又沢。ナメ底ながらウグイ混じりでイワナが釣れる

濁沢。澄んだ流れの沢で底石も多く、夏場でも水系随一の水量を誇る

岩ノ目沢。居着きの良型イワナに混じって小型も掛かる

る。木が覆い被さっているので仕掛けは短めが使いやすい。タルミや瀬脇をじっくりねらいたい。ナメ沢が多い小和瀬川の支流の中で、釣り上がってもこの沢はポイントが絶えない。

ただし、中流域までウグイがソ上してくるので、イワナの釣果にこれが混じる。上流には林道を利用できるので、入退渓は容易だ。

小和瀬川は全体にナメ底の多い流れだが、各沢にイワナ、ヤマメの稚魚が放流されており、今後に充分期待の持てる渓といえる（岡田）。

カモシカのモニュメントがたもとに設置された男神橋から宝仙湖を望む

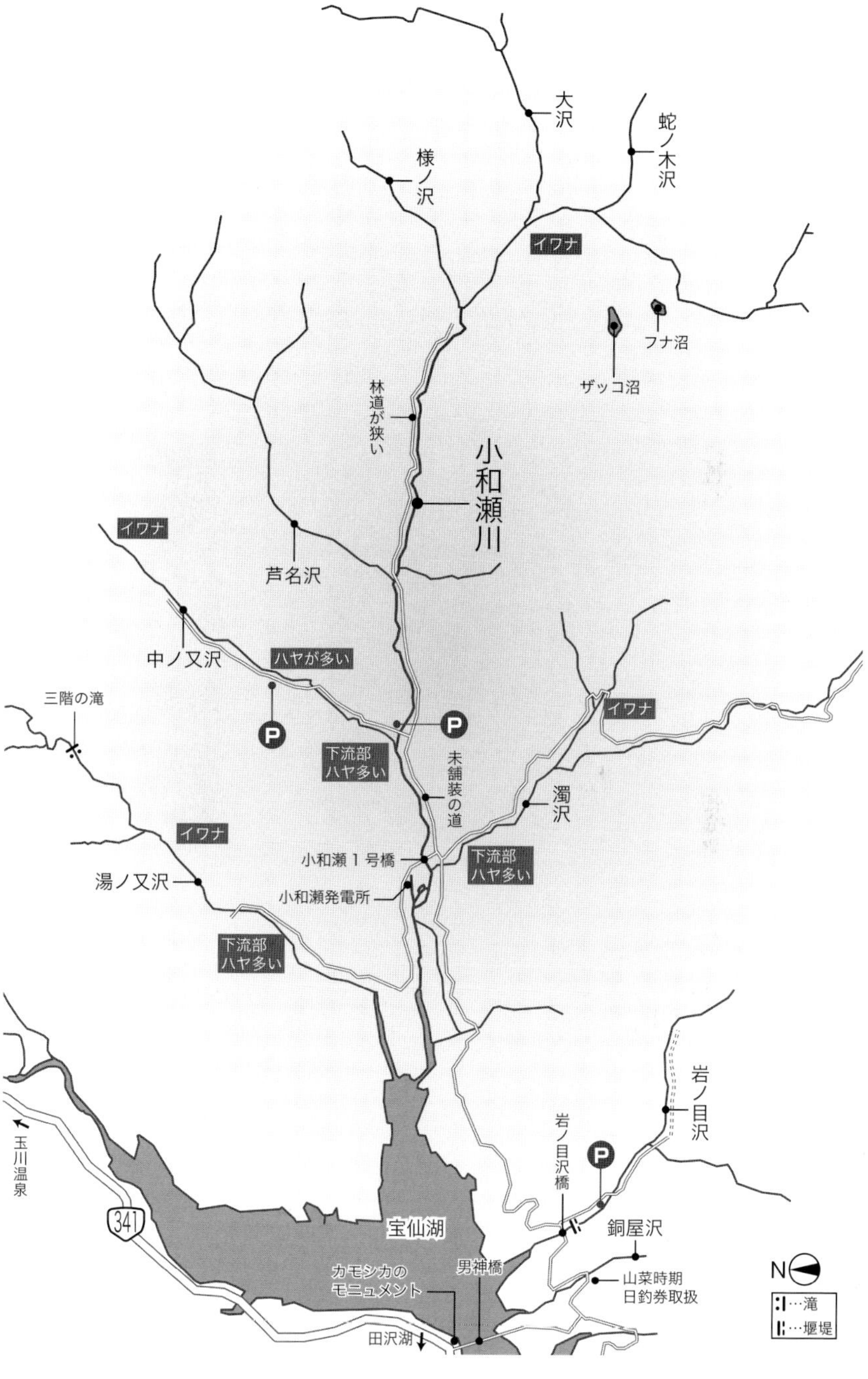
大沢
蛇ノ木沢
様ノ沢
イワナ
フナ沼
ザッコ沼
林道が狭い
小和瀬川
イワナ
芦名沢
中ノ又沢
ハヤが多い
三階の滝
P
P
下流部
ハヤ多い
未舗装の道
イワナ
濁沢
イワナ
小和瀬1号橋
下流部
ハヤ多い
湯ノ又沢
小和瀬発電所
下流部
ハヤ多い
岩ノ目沢
玉川温泉
P
岩ノ目沢橋
341
宝仙湖
銅屋沢
男神橋
カモシカのモニュメント
山菜時期
日釣券取扱
田沢湖
N
…滝
…堰堤

雄物川水系玉川源流

大《おお》深《ぶか》沢

玉川の源流となる大深沢、その名が示すとおり奥が深く、長大な渓だ
釣り場はヤセノ沢を中心とした下流部、関東沢を中心とする上流部に分かれる

ゴロタ石の河原が続く関東沢出合上流を釣る

八幡平の岩手県と秋田県の県境にある大深岳を源に、その西側、秋田県に流れる大深沢は玉川の源流部となる。岩手県側のブナの森に対して、大深沢は下流部はブナ、上流はアオモリトドマツの森の中を流れる。

入渓は、国道３４１号から入った場合は取水堰まで3時間以上かかる。最近では下から入渓する人は、取水堰の管理用に通じている黒石林道の車止まで車を入れ、そこから1時間半くらい歩いて入渓しているそうだが、林道は崩壊が進んでいると聞く。

●山越えで上流部がおすすめ

取水堰の下流部には温泉が湧出している場所があり、石を組んだ湯船にパイプを使って温泉水を引き入れると、入ることができる。

取水堰を越えると水量が増え安定してくる。ヤセノ沢までの下流部はゴーロが続く。また夏はアブが大量発生し、

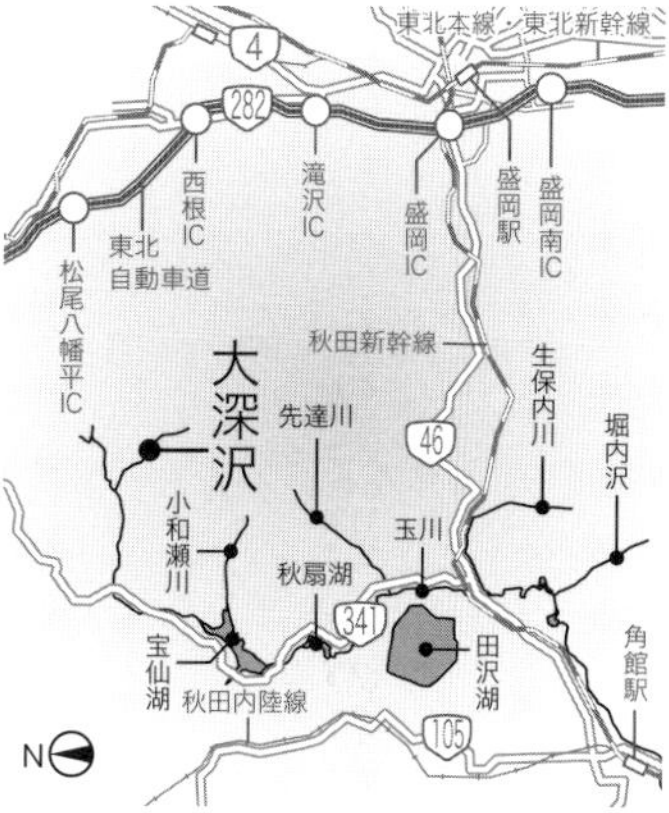

information

●河川名　雄物川水系玉川源流大深沢
●釣り場位置　秋田県仙北市
●主な対象魚　イワナ
●解禁期間　4月1日～9月20日
●遊漁料　日釣券1300円、年券7400円
●管轄漁協　田沢湖漁業協同組合（Tel0187-43-3839）
●最寄の遊漁券発売所　ローソン田沢湖生保内店（Tel0187-43-1868）、ヤマザキデイリーストア田沢湖店（Tel0187-43-2448）
●交通　東北自動車道・盛岡ICを降り、国道46、341号で宝仙湖方面へ。五十曲の先、石黒沢を過ぎて右手の黒石林道に入り、取水堰管理用道路を歩くか、五十曲から玉川沿いの森林軌道跡をたどる。山越えルートの場合は東北自動車道・松尾八幡平ICを降り県道45号で藤七温泉方面へ

地熱が高いせいかマムシも多いといわれる。ヤセノ沢はイワナの魚影が多い。大深沢の釣りでは、ヤセノ沢を中心とした下流部と、関東沢を中心とする上流部にポイントを分割して考えると分かりやすい。

　大深沢上流部に入渓する場合、比較的楽なルートは、藤七温泉（岩手県）からの山越えである。八幡平に続く登山道を利用して諸檜岳を越え、嶮岨《けんそ》森の手前から仮《け》戸沢を下降し、北ノ又沢と東ノ又沢の出合に出るルートである。時間的に約6時間以上はかかるが、八幡平の山々の眺めと、所々に点在する沼の景観がとても美しく、歩きの時間を飽きさせない。

　もう1つは、松川温泉と八幡平を結ぶ八幡平樹海ラインから仮戸沢の東側に位置する小沢を詰めて仮戸沢を下るルートがある。時間的にはこのルートが一

30m滝を釣る。滝壺にはイワナがたまっていることが多い

中流部の流れ。大深沢は全体に難所は多くない

番短い。滝も難しいものはなく、直登できない滝は2つあるが、簡単に巻くことが可能だ。そして、詰めは草原にいったん出るが、最後のネマガリタケのヤブ漕ぎが少しつらい。

仮戸沢の下りは、最初は背丈を越えるネマガリタケの密なヤブ漕ぎを強いられる。下りはそれほどつらくないが、上りはかなりきつくなる。ルートを間違えないためにも、目印をところどころで目立つ場所に結んでおくとよいだろう。沢自体は難しい滝はなく、最終的にゴーロの下りである。幕場は仮戸沢の合流点手前の左岸側と、合流点より少し下流の右岸側にある。

●関東沢を中心とした上流部

山越えルートで大深沢に入渓した場合は、上流部の釣りになる。上流部はナメの岩盤が多い。合流点からしばらく下ると、ナイヤガラのような広いスダレ状の30m大滝がある。滝壺にはイワナがたまっていることが多いので、じっくり釣りをしたいところである。大滝は右岸側から簡単に下ることが可能。その下にまた30ｍ滝があり、これは右岸、左岸の両側から巻くことができる。関東沢出合付近はゴロタ石の河原が続き、ここが源流かと思わせるような流れである。

　関東沢出合まで行ったら、関東沢を少し釣り上がり、それから幕場まで釣り上がるとよいだろう。関東沢のイワナは型が小さくなるが、数は多い。関東沢付近の河原の流れではテンカラで7、8寸クラスが飛び出す。

　下りに使う仮戸沢には魚がいない。上流の北ノ又沢と東ノ又沢はイワナが多く、最初は岩盤のナメ滝が続いて釣りになりにくいが、上流部は河原とナメを繰り返し、どこが魚止だか分からないくらい上流部まで魚影がある（丸山）。

大深沢の尺イワナ。30m 滝で出た

雄物川水系

役《や》内《くな》川《い》

フライフィッシングのファンも多い県内屈指の人気河川 ヤマメの放流数が多く、尺越えの大ものも期待できる

役内川は雄物川水系の１つで、日本百名山に数えられる神室山から流れる大役内川と合流して本流を形成している。秋田・宮城の県境、鬼首峠付近を源頭に、国道１０８号に沿うような流れを見せる。

秋田県内屈指の有名河川で、フライフィッシングでも人気が高い。大役内川との合流地点から上流が本格的な渓流釣り場となる。上流支流にはツブレ沢、赤倉沢、マダゴ沢があり、イワナ、ヤマメが多く生息している。

東北でも豪雪地帯に位置し、雪代が治まる時期は早くとも5月中頃で、その寸前にカジカの産卵が行なわれる。このカジカの卵はかつて、先人のエサ釣りに欠かせないものとして重宝され、「卵起こし」と称される採取の光景をよく見たものだ。卵の加工が終わり、使用できる状態になる頃には雪代が完全に治まり、渓流釣りのシーズン到来となるが、今ではその保存方法を知る人もいなくなった。

秋田県の梅雨入りは7月のアユ解禁時期に入ってからのことが多く、梅雨明けは7月20日前後。近年の気象はゲリラ豪雨などもあり、渇水期の推測が難しいが、6月後半と梅雨明け8月が渇水期の目安と思われる。

河川管轄は雄勝漁協で、県内でもヤマメの放流数はトップクラスを誇る。本流域のヤマメは体高のあるきれいな魚体が自慢で、尺越えの大ものはルアーでの釣果が多いようだ。

蛇足だがアユの放流もあり、近年は雄物川の頭首工改良で天然ソ上の期待も大きい。こちらは7月１日解禁で、県内外から遊漁者がたくさん集まって

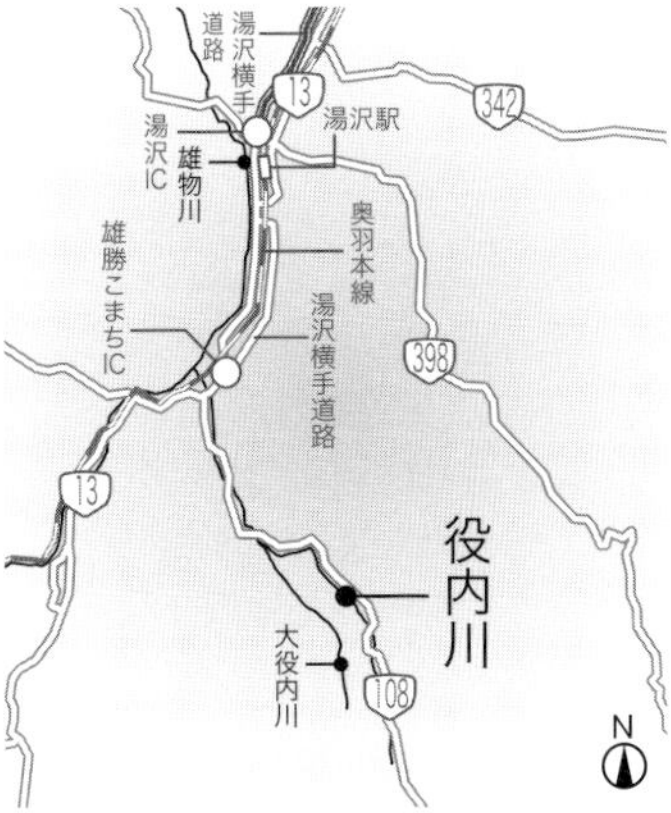

水深の浅い流れは遠くから静かにアプローチしたい

information

●河川名　雄物川水系役内川
●釣り場位置　秋田県湯沢市
●主な対象魚　イワナ、ヤマメ
●解禁期間　4月1日～9月20日
●遊漁料　日釣券1000円・年券4500円
●管轄漁協　雄勝漁業協同組合（Tel0183-56-2202）
●最寄の遊漁券発売所　ファミリーマート雄勝インター店（Tel0183-78-6002）
●交通　湯沢横手道路・雄勝こまちICを降り、国道13、108号を経由して役内川へ

くる。アユの生育もよい川で、終盤には28㎝を超える魚体も現われる。

●薄久内川合流から大役内川合流

このエリアを本流域と称している。川沿いに道路が走り、ほとんどの場所から入退渓できる。駐車スペースも各所にある。アユ釣りの区間としても推奨されるが、ヤマメやイワナの大ものがねらえる場所としても知られている。特にルアーで大型が記録されているようだ。

●大役内川合流から上流

本格的な渓流釣り場となり、魚影も多い。嶽下橋から入渓して秋の宮温泉郷の新五郎温泉まで、車での道路移動距離は約3・2㎞。駐車スペースは嶽下橋の右岸にある。

大きな淵は少なく、ヤマメが多くフライに適している。途中に採石場があり、ガレ場もあるので注意して遡行し

開けた渓相はフライフィッシャーにも人気が高い

直線状のプールに支流が流れ込む絶好のポイント

上流域では尺超えのイワナも手にできる

25cm のヤマメ。魚影の多さは県内でも屈指だ

てほしい。

●新五郎温泉から鷹の湯温泉

新五郎温泉から入渓し、鷹の湯温泉（日本秘湯を守る会）裏を通過して秋の宮山荘付近での退渓がコースとなる。駐車スペースは湯雄医師会病院近くの空き地を利用できる。釣り上がり距離は車で約1・5㎞。新五郎温泉裏は尺ヤマメの実績があるポイントとして知られている。淵あり、瀬ありで変化に富んでいる。

新五郎温泉は、定宿として利用している釣り人が多い。温泉の質がよいのはもちろん、山菜料理で疲れた身体を癒してくれる。

●秋の宮山荘から堰堤

釣り上がり距離は車で1・1㎞。駐車スペースは朝市の駐車場を利用できる。大淵もあり、水量が多い時は遡行が難しいことがあるので注意が必要。

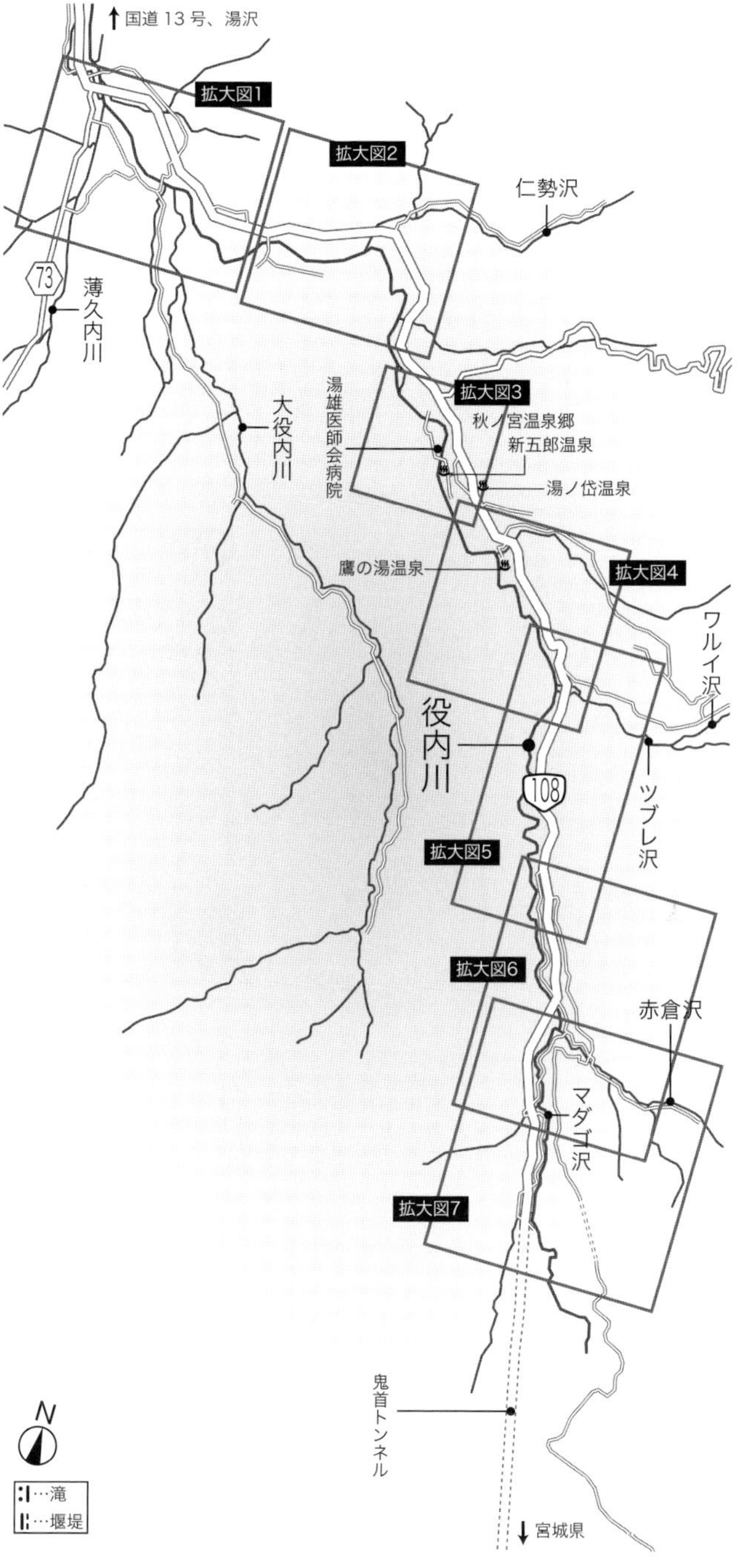

●ツブレ沢合流から畑の堰堤

釣り上がり距離は車で0・6㎞。合流点から50ｍほど行った国道脇に駐車スペース。2個所堰堤があり、堰堤右岸を巻いて遡行できる。1つめの堰堤までを釣って退渓したほうがよい。

●支流・ツブレ沢

ここを釣る場合、合流点から堰堤までを釣り、川通しで帰る。水量がある間は好釣果を期待できる。さらに上流を釣るには湯の岱温泉に向かう道路沿いに、途中のワルイ沢との合流点に向かう林道があるので、ワルイ沢を渡り

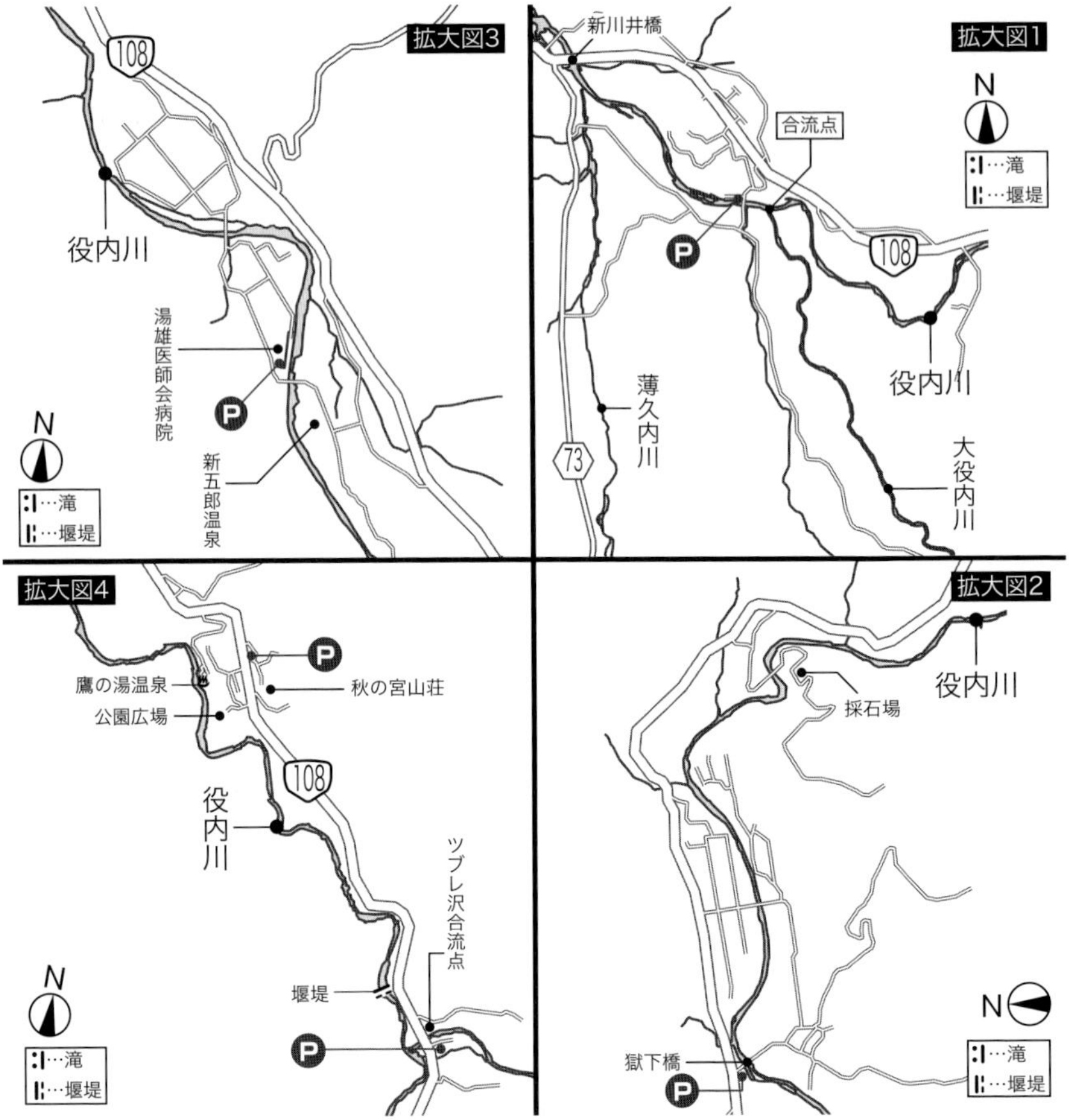

歩いて入渓したい。ケモノ道状態の道は右岸にあるが、川通しで帰るのが無難。クマも多いので危険。駐車スペースは林道起点すぐにある。

●畑集落2つめの堰堤以遠

釣り上がり距離は車で0・7㎞で、役内ロングコースと称されるメインのエリアだ。流れも変化に富んでいて、渓相もよく大ものも期待できる。フライフィッシングの絶好のコースとして知られている。

ここに直接入るにはレストラン・ラフォーレから上流に500mほど進んだ右道路脇に祠があるので、その裏を降りる。退渓地点は赤倉沢、マダゴ沢合流地点までで、釣り上がり距離は車で2・6㎞ほど進むと右岸沿いに林道が見えるので、適当な場所から退渓するとよい。

赤倉沢、マダゴ沢に直接向かうには国道108号の「虎毛山登山口」標識

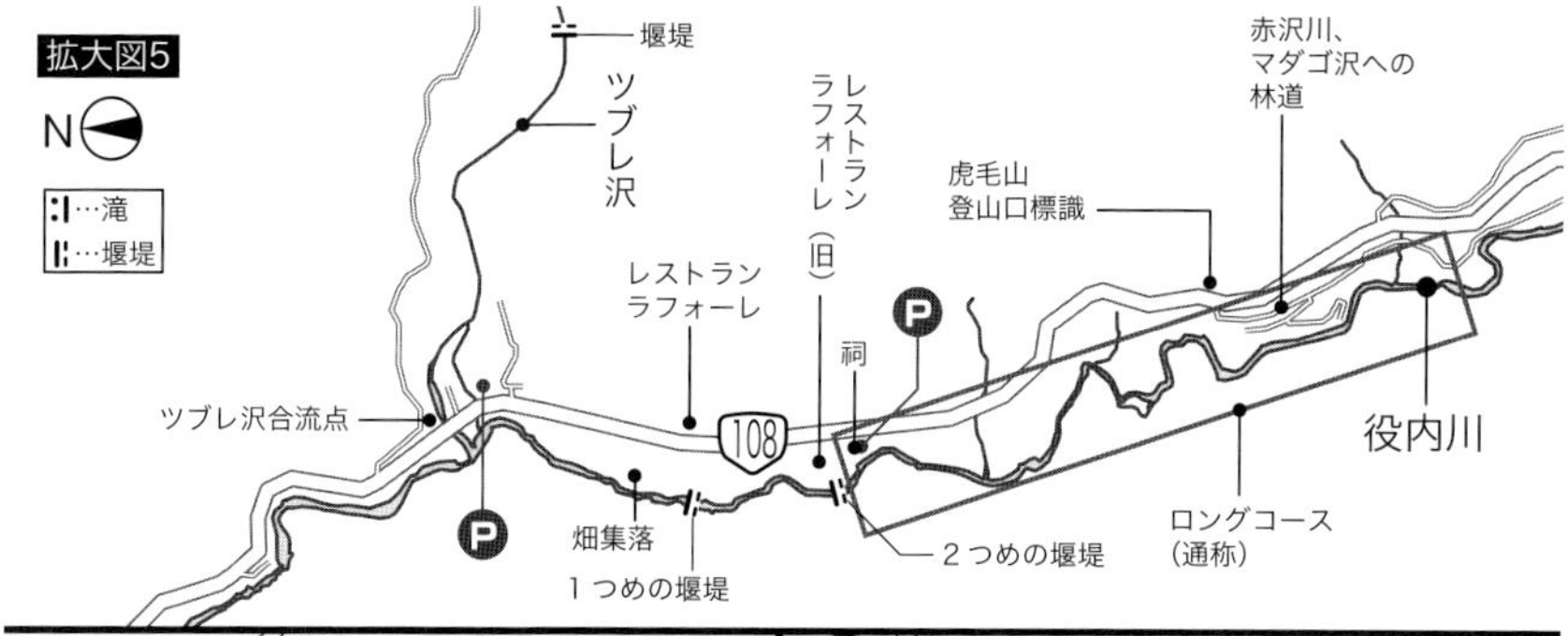

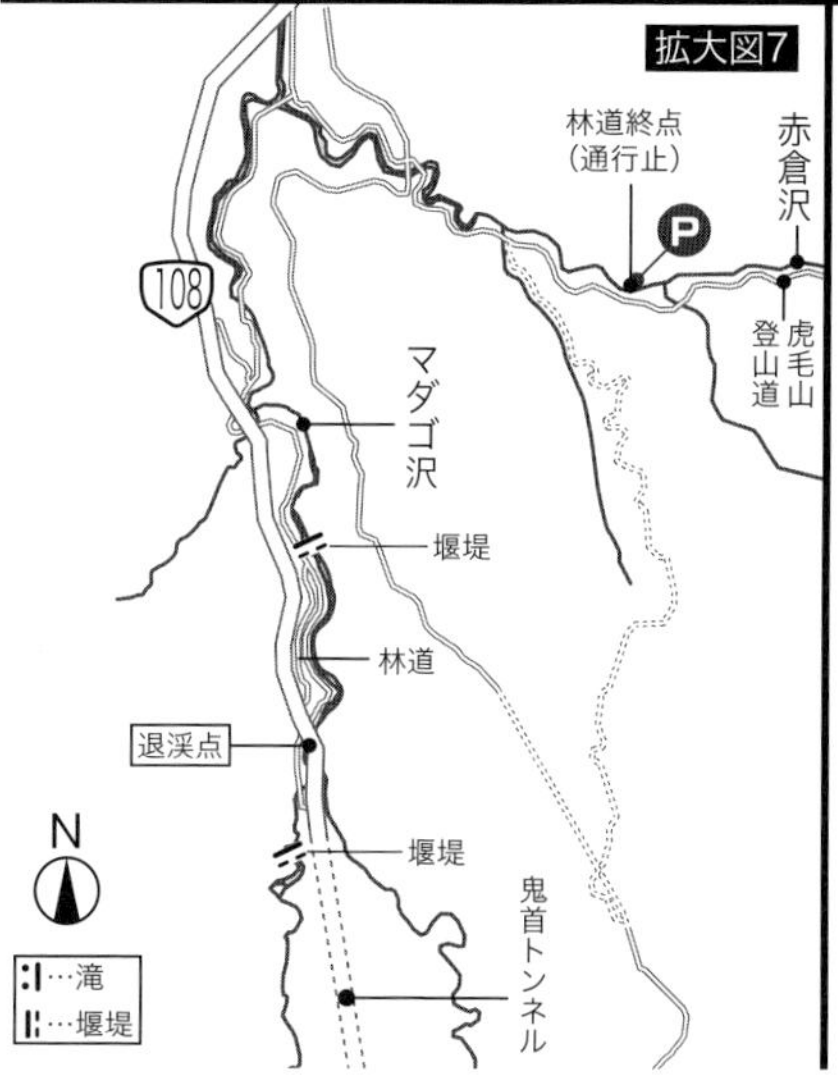

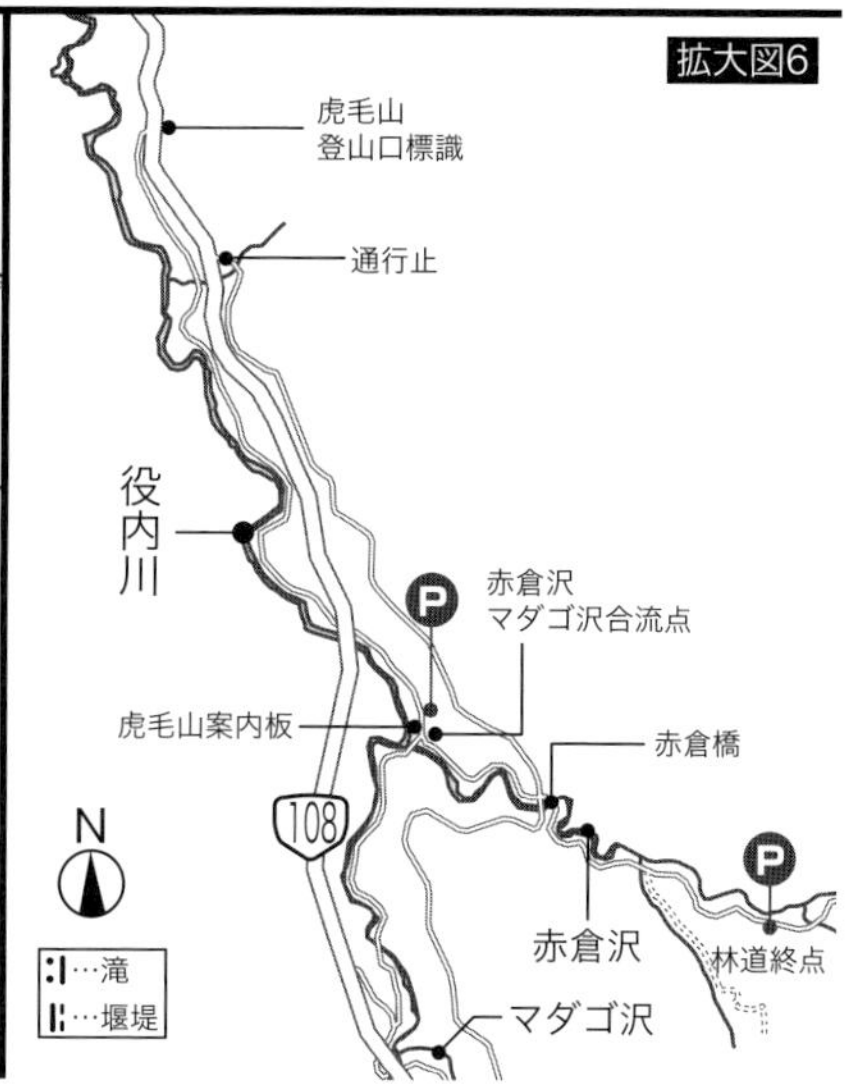

から川方向へ下りて林道を進む。

●合流から支流・赤倉沢

魚影は多いものの渓が狭くなり釣りづらい。駐車スペースは合流点に数台ある。林道は1・3㎞ほどで行き止まりとなる。

イワナがねらえるポイントが続くが、谷が深く国道からも離れていくので、初心者による単独釣行は控えたほうが無難。クマも多いので注意したい。虎毛山に向かう登山道が左岸にあるので、それを目安に入退渓できる。

●合流からマダゴ沢

堰堤1つを越えた鬼首トンネル付近までが釣りに適している。やや狭いが全盛期には良型の魚がねらえる。退渓は雄勝トンネル手前の、橋が頭上に見える左岸に上がると壊れた林道があるので合流まで戻り退渓するか、分かりづらければ川通しで戻る（佐藤敏彦）。

役内川との合流点を望む（上流奥）。岩盤の淵が多く、良型のヤマメが付いている

雄物川水系役内川支流

本流・役内川の給水源となるヤマメ、イワナ混生の山岳渓流
川幅が狭くテクニカルな流れに良型が潜む。渇水にも強い

大《お》役《おやく》内《ない》川

大役内川は、イワナ、ヤマメが混生する森の中の山岳渓流だが、落差は大きくなく、比較的穏やかな瀬が中心となる渓相。ただし川幅は広くなく、両岸に樹木が茂り、流れに張り出していて釣りづらい個所もある。

エサ釣りの場合、サオは3・6m前後で充分と思われる。したがって魚が残る場所も多く、イワナ、ヤマメとも良型に出会えるが、技術が必要な川でもある。

主な支流は西ノ又川。落差が大きく、エサ釣りに向いている。沢沿いには秋田県と山形県の県境、栗駒国定公園の西端に位置する神室山への秋田側の登山道がある。

東は虎毛山や栗駒山、西は雄勝峠にまで及ぶ山地で、神室山は前神室山とともにこの山地の主峰である。山名は「禿《かむろ》」に由来するとか。古くから信仰登山の対象として人気の高い山で、現在は静かな山歩きを楽しみたい登山者

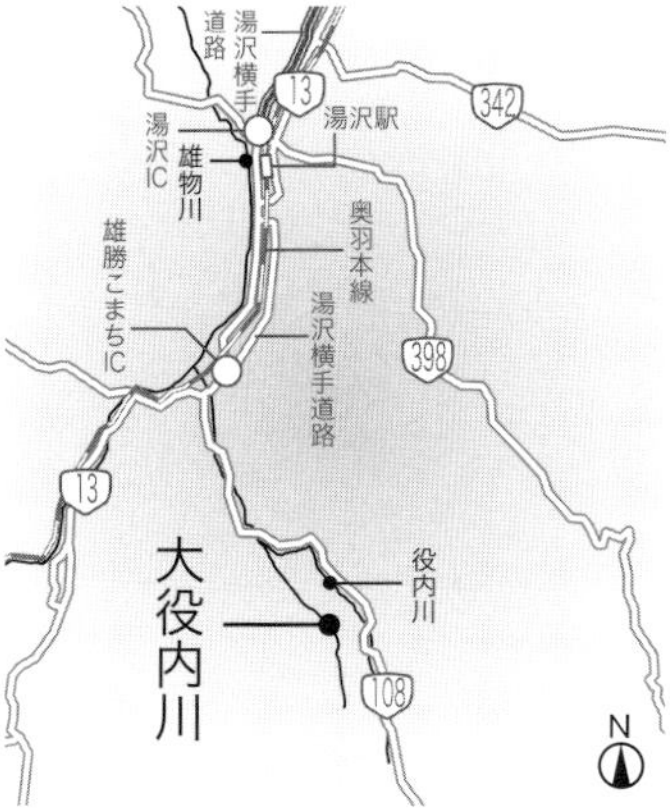

information

●河川名　雄物川水系役内川支流大役内川
●釣り場位置　秋田県湯沢市
●主な対象魚　イワナ、ヤマメ
●解禁期間　4月1日～9月20日
●遊漁料　日釣券1000円・年券4500円
●管轄漁協　雄勝漁業協同組合（Tel0183-56-2202）
●最寄の遊漁券発売所　ファミリーマート雄勝インター店（Tel0183-78-6002）
●交通　湯沢横手道路・雄勝こまちICを降り、国道13、108号を経由して大役内川へ

がこれに取って代わっている。登山道は秋田県側と山形県側から、主稜の縦走コースも整備されている。また頂上直下には避難小屋もある。

大役内川の雪代が治まる時期は、早くとも5月中頃。本格的なシーズンは例年5月後半から6月いっぱいまでが目安。また本流の役内川は水が太く、本格的なシーズンはもう少し後ろにずれ込む。

大役内川は、本流となる役内川の給水源的な存在でもあり、夏場の渇水時にも比較的水量が安定しているため、他の河川が渇水時に釣る場所の1つとして覚えておきたい。ただし、ゲリラ豪雨等による急な増水にはくれぐれも注意。

7月後半からはメジロアブが出始め、お盆前後にかけて猛烈に増えるのでほとんど釣りにならない。源流域の東の又沢の流れ込みまで右岸に林道が続いている。

ゴルジュ帯手前の大淵

ドライフライに出た
9寸のイワナ

●役内川合流地点から第一堰堤

3㎞の区間（林道の移動距離、以下同）。役内川合流点下の本流に架かる橋右岸に駐車スペースがある。岩盤の淵が多く、石が入っている淵には良型ヤマメが付く。

岩盤帯を過ぎて堰堤近くに好ポイントがあり、ここも大ヤマメがねらえる。堰堤右岸を退渓。堰堤上は50ｍほどで西ノ又川の合流点。

●西ノ又川合流点から第二堰堤

1・9㎞の区間。神室山登山道標識近くに駐車スペースがある。途中、約800ｍ地点の目方石沢橋からも入退渓できる。大役内川としては開けている感じでフライに向くコースだ。

●第二堰堤からトッコモリ沢

約1㎞の区間。駐車スペースは第二堰堤前後の林道の広がったスペースに、通行の邪魔にならないように慎重に停めたい。淵が多く、5月中旬からの早期のエサ釣りに向いている。

トッコモリ沢100m手前はゴルジュ帯で通ラズになっているので、その手前で左岸林道が見える安全な場所から退渓する。

●トッコモリ沢合流から第三堰堤

約1kmの区間。トッコモリ沢橋のそばに駐車スペースがある。このコースは木が被さっているため釣りづらい。広がりのある淵で大ものをねらいたい。

役内橋の手前100mほどには深い淵があり、遡行不可。手前を林道側に巻いて第三堰堤までの釣り。退渓は役

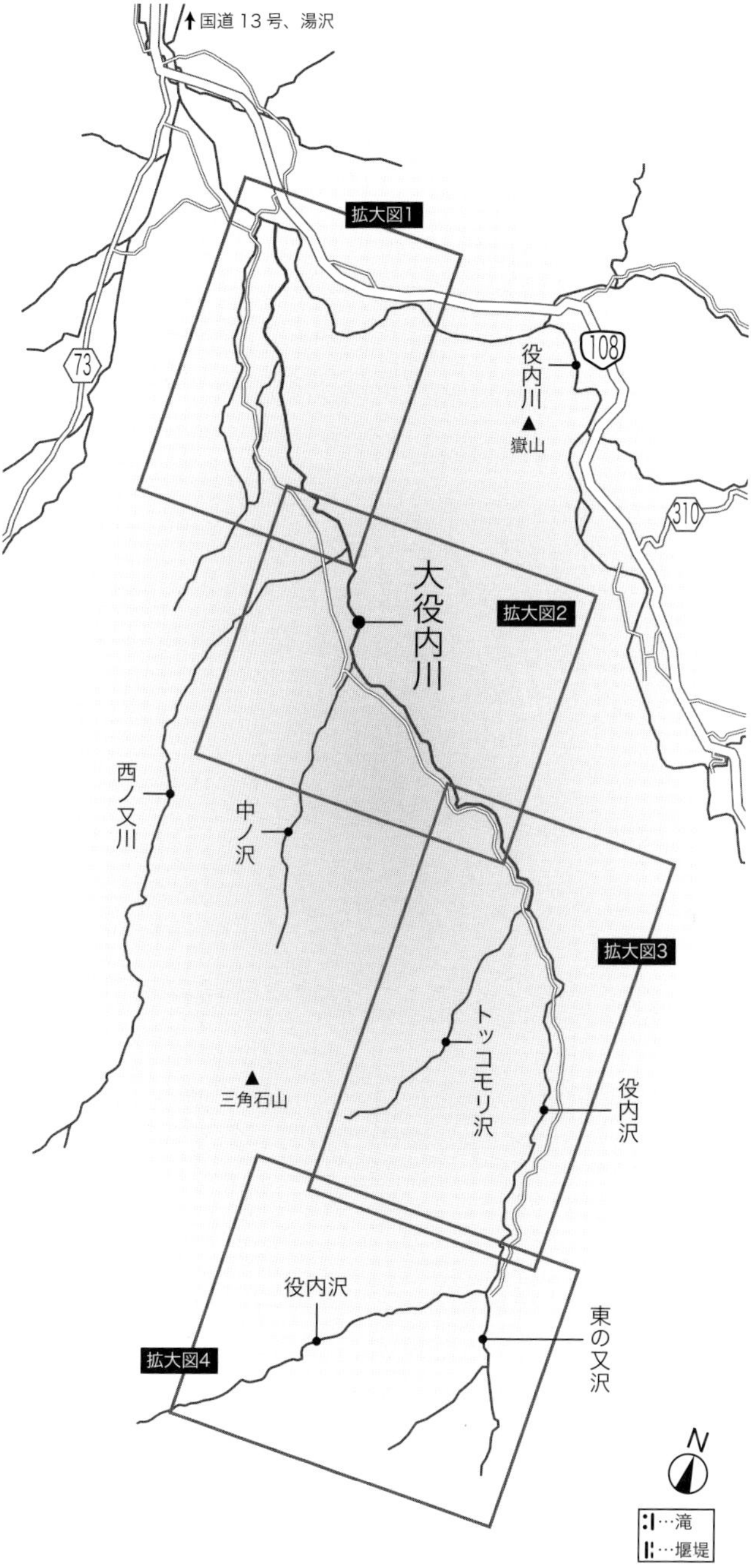

内橋下まで戻り左岸林道に上がる。

●役内橋・第三堰堤から第四堰堤

約2㎞の区間。役内橋周辺に駐車スペース。ここからはイワナだけになり、魚影も多く数釣りが期待できる。距離が長く、途中で上がる場所もあるが分かりづらい。時間に余裕を持ち、第四堰堤近くのチカラ沢から上がるのが望ましい。大雨などが予想される時は入渓を避けたほうが無難。

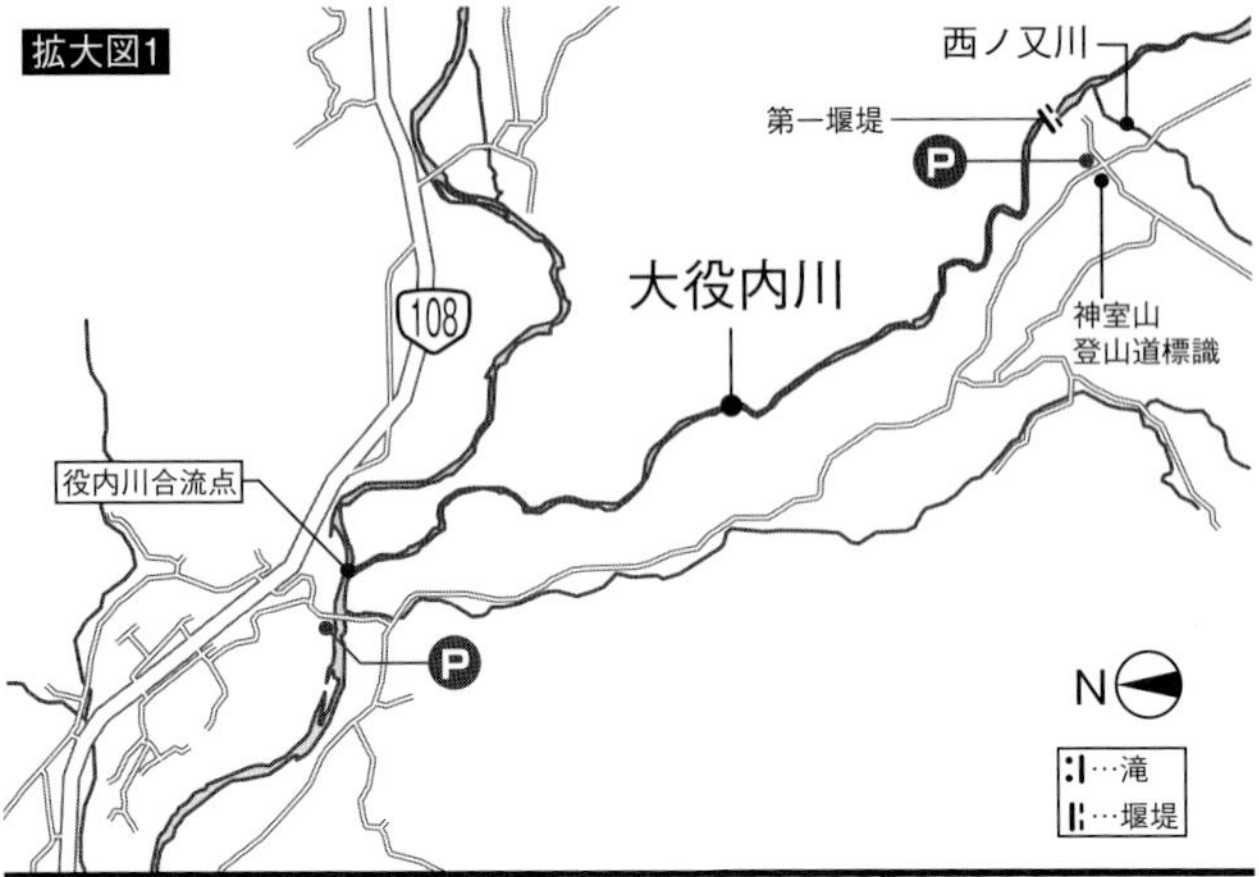

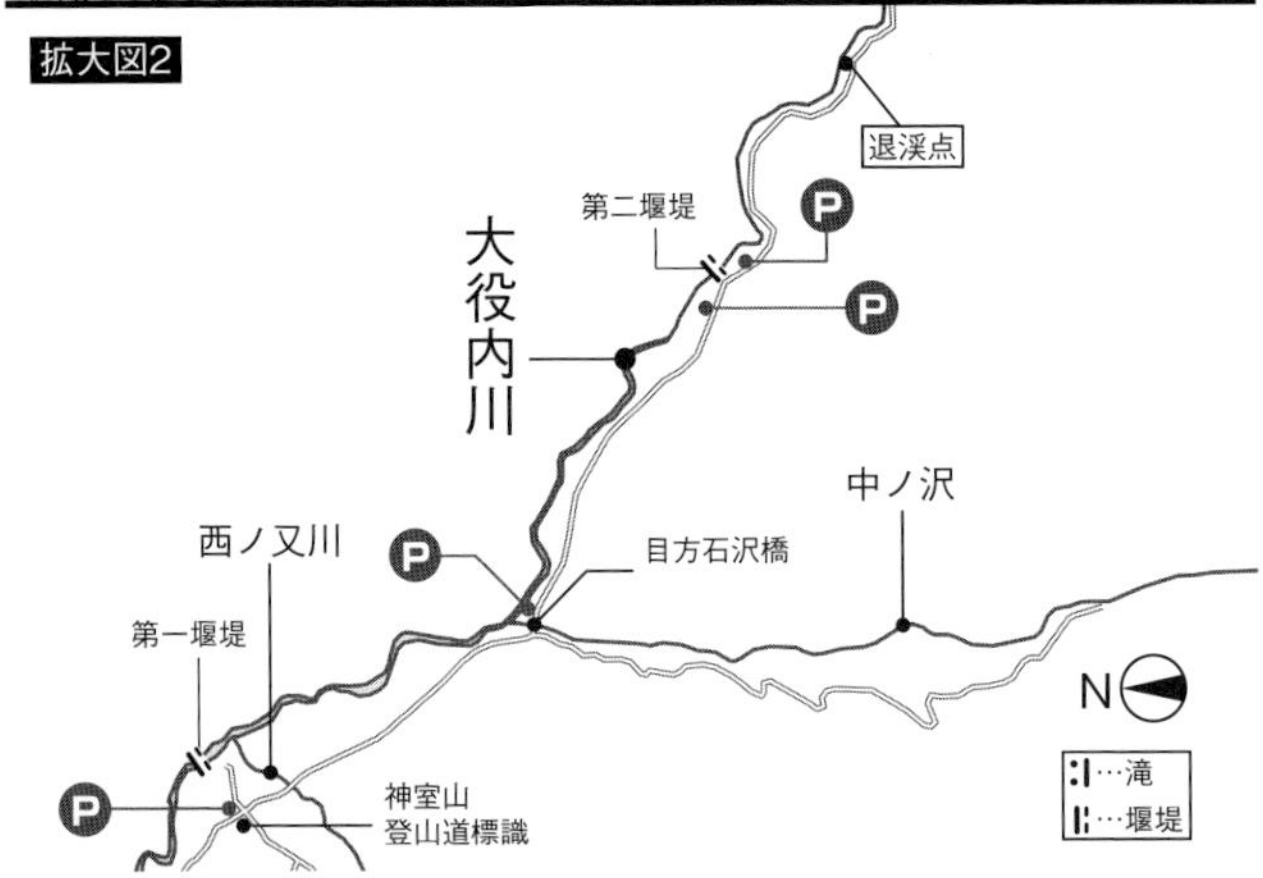

第三堰堤付近の渓相。広がりのある淵では大ものがねらえる

●第四堰堤から源流部

東の又沢合流周辺に駐車スペースがあり、そこから入渓できる。退渓は途中まで右岸に林道があり、その先は川通しで帰る。川幅も狭くなり、魚は多いが種沢としての意味もあるので極力釣りは控えたほうがよい（佐藤敏彦）。

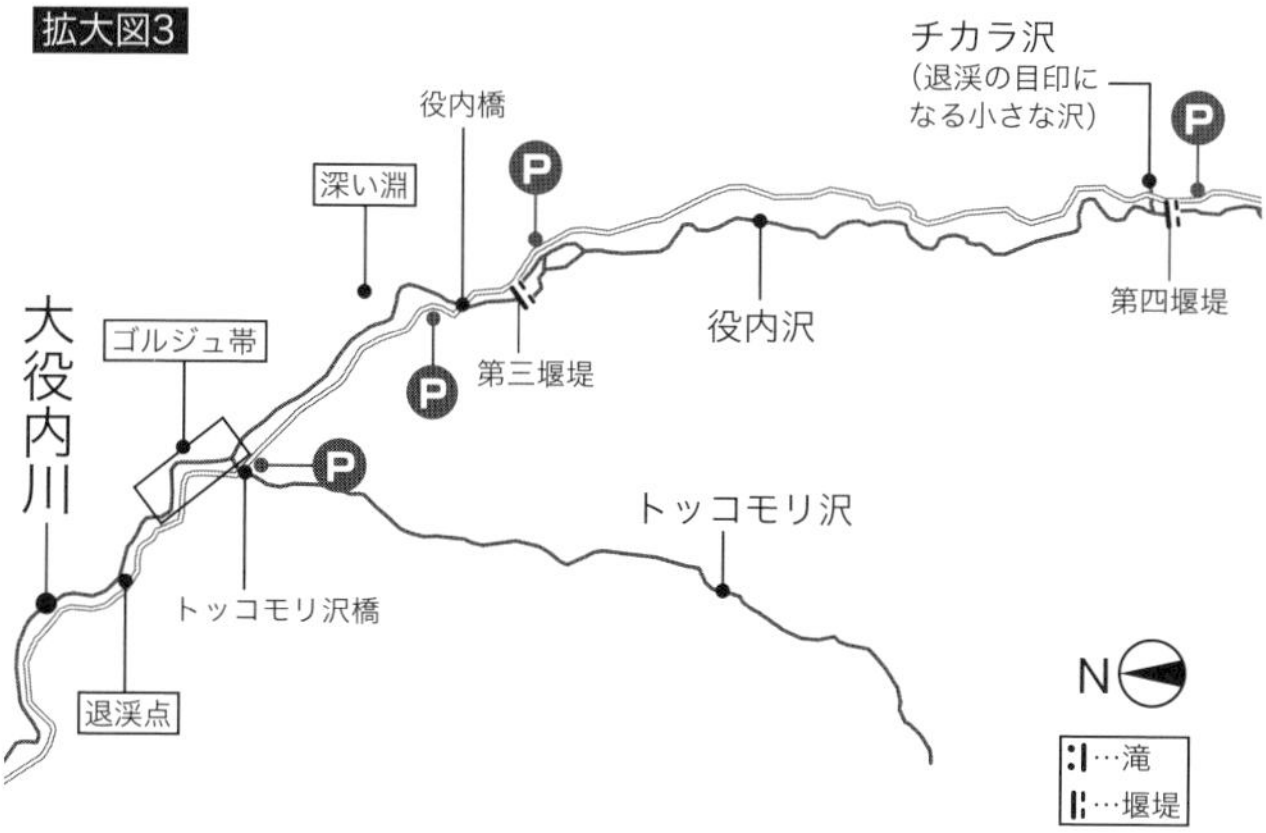

迫力満点、32cm
のイワナ

子吉川水系

上玉田川《かみたまだがわ》

映画「釣りキチ三平」のロケ地・法体《ほったい》の滝上流が釣り場
豪雪地帯のイワナの川。盛期は6～7月

日本の滝百選にも選ばれている「法体の滝」の上流部が上玉田川の釣り場となる。法体の滝は霊峰・鳥海山の水を集めて末広がりに落ちる、流長100mもの名瀑だ。さらに、一の滝上流部、二の滝河床には大小の甌穴《おうけつ》群が見られ、学術的にも貴重なものとして、秋田県名勝・天然記念物第一号に指定されている。

法体の滝は、映画「おくりびと」でアカデミー賞・外国語映画賞を受賞した滝田洋二郎監督の別作品「釣りキチ三平」のクライマックスシーンに、巨大イワナが潜む鳴神淵として登場している。また、滝の上流部に位置する玉田渓谷はハイキングコースとしても人気だ。

滝の景観が、僧衣をまとっている修行僧（法体）に似ていることからその名が付いたとされる。また弘法大師・空海が、不動明王が現われたため滝に拝礼したという伝来もあるようだ。

対象魚は基本的にイワナのみとなる。釣り場周辺は豪雪地帯で雪解けが遅く、林道が除雪され、整備されないと入渓は困難。例年6月初旬には入渓可能となるが、積雪の状態や林道の状況によって変わるので、釣行の際は念のため事前に確認されたい。

盛期は6～7月。ただし7月下旬からメジロアブが出始め、お盆前後にかけてものすごい数となり釣りにならない。また8月は渇水も著しい。ただし赤沢川はそれほど水量が減らない。

法体の滝から赤沢川合流点までは広々とした涼やかな渓谷であり、近年はフライフィッシングの愛好家に親しまれている。大ものも潜むコースで期

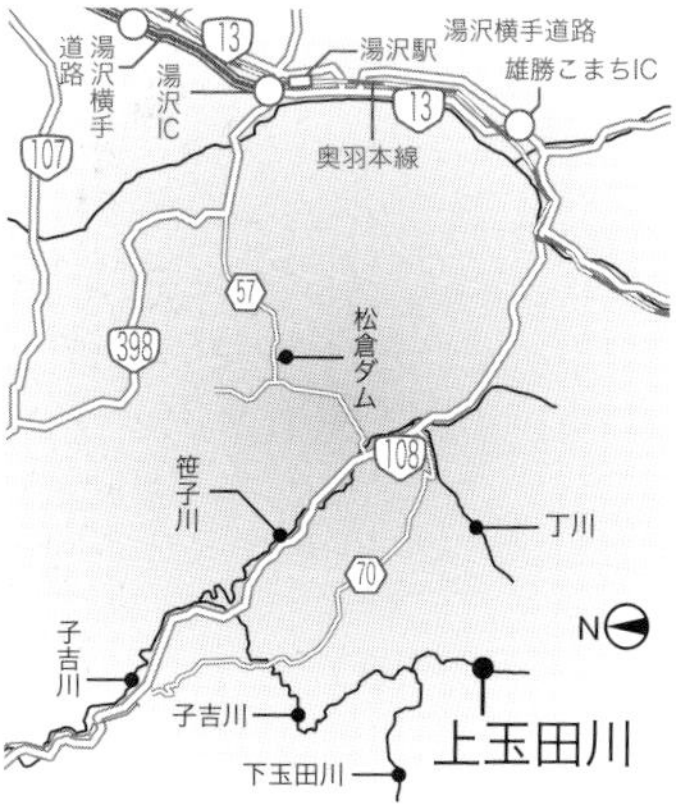

上玉田川の岩盤大淵。大型のイワナが潜む流れ

information

●河川名　子吉川水系上玉田川
●釣り場位置　秋田県由利本荘市
●主な対象魚　イワナ
●解禁期間　4月1日～9月20日
●遊漁料　日釣券1000円・年券4000円
●管轄漁協　子吉川水系漁業協同組合（Tel0184-23-5582）
●最寄の遊漁券発売所　Yショップ鳥海（Tel0184-57-2440）
●交通　湯沢横手道路・雄勝こまちICを降り、国道13、108号、県道70号を経由。「鳥海山　百宅口」看板を目印に左折して市道に入り上玉田川へ

待できる。

赤沢川合流から上流の上玉田川は淵が少なく平坦で、上流に行くほど渓が狭くなるが魚影は多い。水量が多い時期はエサ釣りで数釣りが期待できる。ただし体長制限も守らず無闇に魚を持ち帰る釣り人もいて、以前よりも格段に数は減ってきている。

赤沢川は万年雪のある鳥海山の恵みで夏でも水温、水量とも安定しており魚が多い。下玉田川、上玉田川の種沢的な存在でもあるようだ。体長制限（15㎝以下は採捕禁止。釣れた場合はすみやかにリリース）を守り、過度の持ち帰りは自粛して玉田川全体の遊漁の安定を図りたいものだ。また平坦な川で釣行しやすいが、クマも多く注意して入渓されたい。

●法体の滝上流から赤沢川合流

県道70号から「鳥海山　百宅口《ももやけ》」看板を目印に市道に入り、上百宅集落辺

日本の滝百選にも登場する法体の滝。ここより上流が釣り場だ

瀬から淵へと段差の少ない流れが繰り返す

手代沢案内板付近の渓相。フライフィッシャーに人気の区間

りから手代林道を玉田渓谷方向へ向かうと、鳥海山百宅登山口に向かう方向と上玉田川への分岐点に手代沢案内板（手代林道起点約4・4㎞）があり、そこに駐車スペースがある。

法体の滝の公園に駐車して釣り上がる方法もあるが、公園側からは遊歩道があるだけで、車で目の前の川を渡ることはできず、釣り上がるほど帰りに歩く距離が長くなるので面倒だ。また、道路を間違えて法体の滝のほうへ行かないようにご注意を。

案内板から遊歩道を下り、法体の滝の上から釣るのがよいだろう。入渓点までは20分ほどの歩きだ。大淵があり、大ものも期待できるコース。

退渓地点は赤沢川合流で右岸の林道に上がる。この区間は普通に釣り上がれば3時間ほどのコース。途中でライズに遭遇するようなことがあれば、楽しみの時間が増えるだろう。

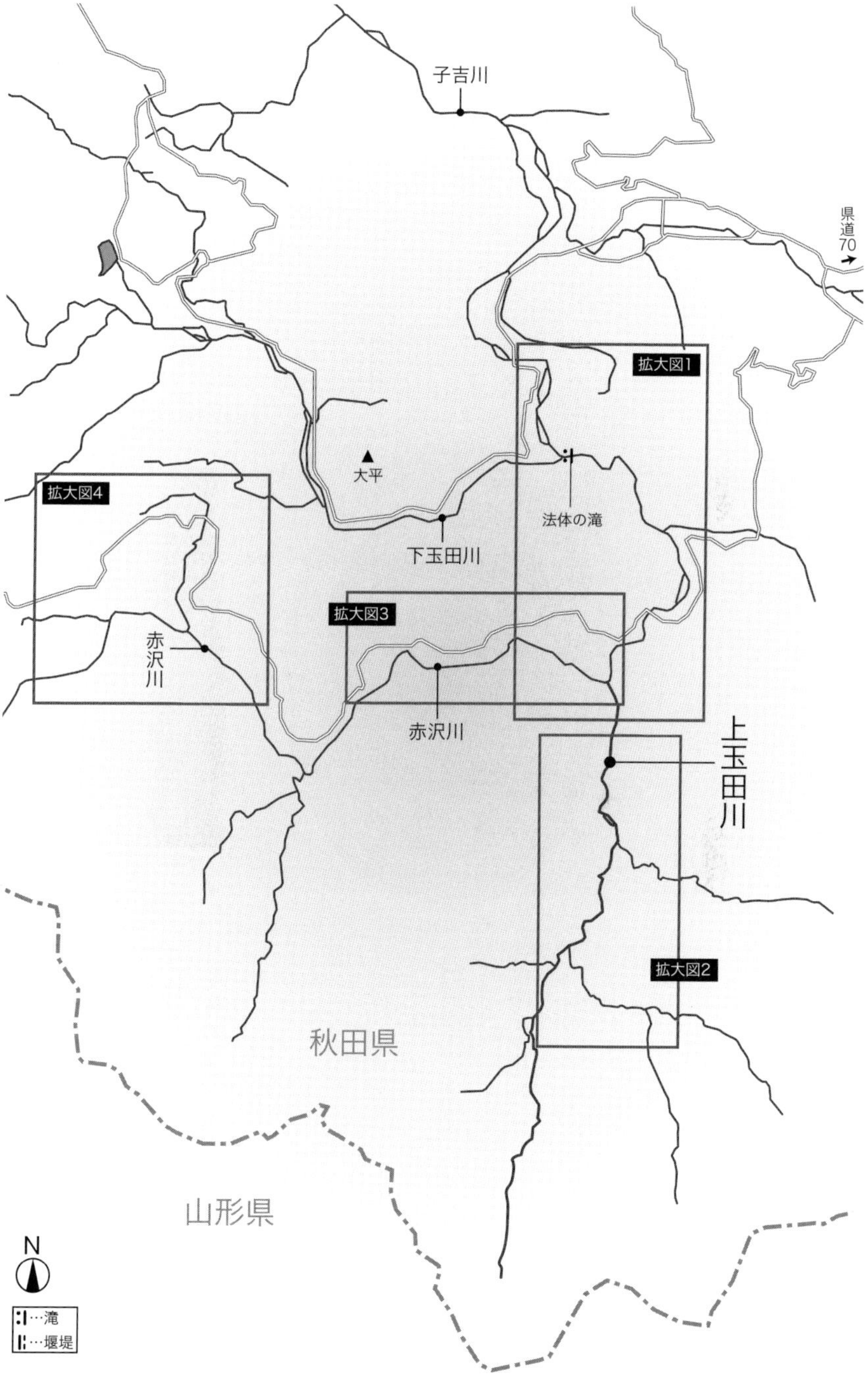
子吉川
県道70
拡大図1
法体の滝
大平
下玉田川
拡大図4
拡大図3
赤沢川
赤沢川
上玉田川
拡大図2
秋田県
山形県
N
…滝
…堰堤

●赤沢川合流から上玉田川上流

車で約1・4㎞くらいまでがおすすめで、それ以上は渓が狭すぎて釣りには不向きである。田麦山田沢橋辺りまでは平坦な場所が続くが、浅瀬にも魚が多くフライで上手く釣ると多くの釣果が期待できる。

合流地点に数台の駐車スペースがある。田麦山田沢橋付近で退渓するか、それ以上は右岸の林道が見える適当な場所から退渓するのが望ましい。

見逃しそうな流れもていねいに探ると反応がある

●赤沢川

赤沢川は、鳥海山百宅登山口に向かう林道と並行して流れている。しかし林道と離れている場所が多く、また途中からの入渓は説明しがたく、危険であるためおすすめできない。

したがって合流から赤沢川上流に架かる橋までの釣行となるため、時間に余裕を持って向かうべき。遡行は、楽しみながら6時間ほどはかかる。

一見変化が少ない平瀬は、岸際のエグレやちょっとした深みをねらいたい

左岸に林道があり、上流に車を置いて釣る方法もあるが、状況次第では通行止なども予想され、その場合は川通しで帰ることになる。また林道を歩いた場合は1時間半以上の歩きが必要である。いずれにしても、林道の状況を確認して入渓すべきだ。魚は多いが、大ものは期待薄である（佐藤敏彦）。

野性味あふれる 37cm のイワナ

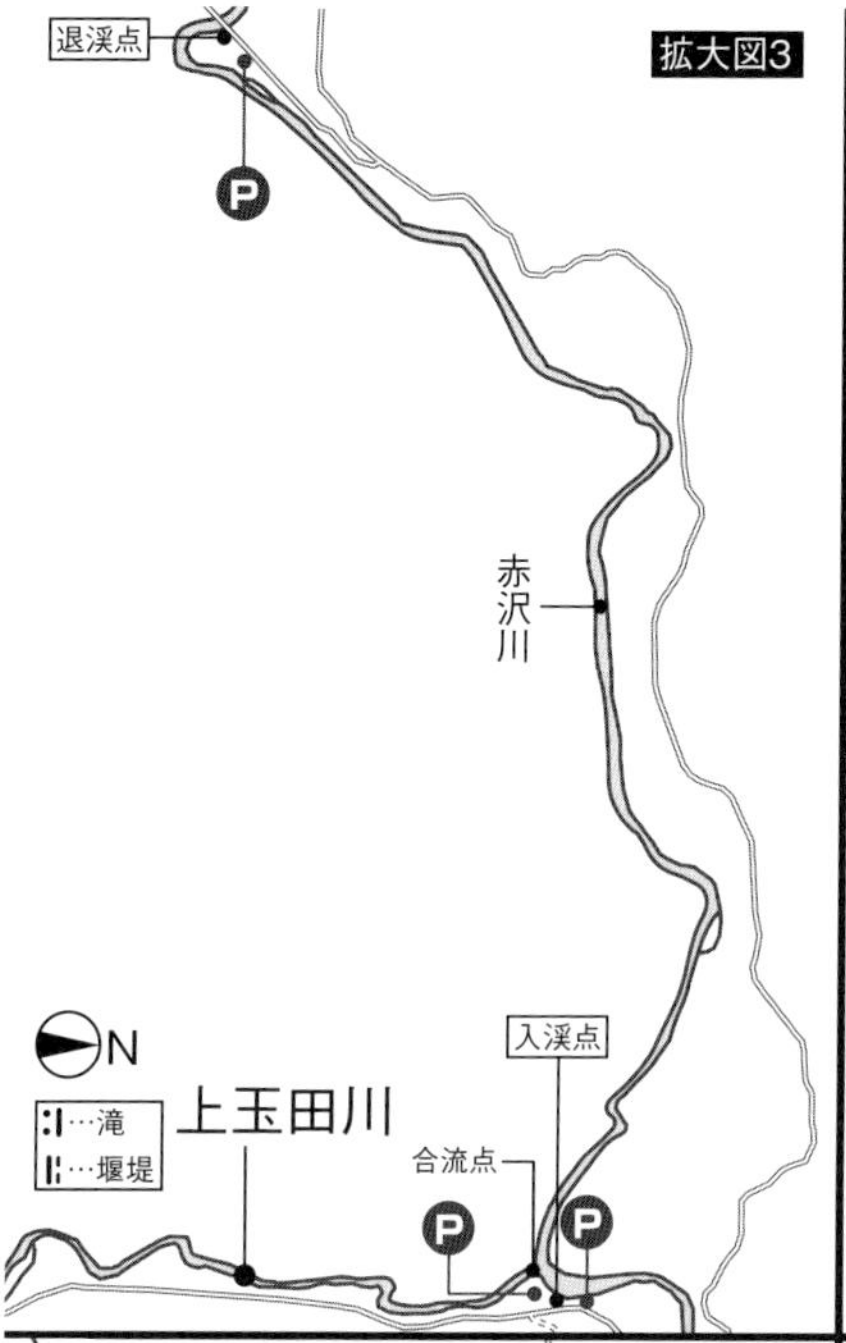
拡大図3
退渓点
赤沢川
N
上玉田川
:|…滝
|:…堰堤
入渓点
合流点

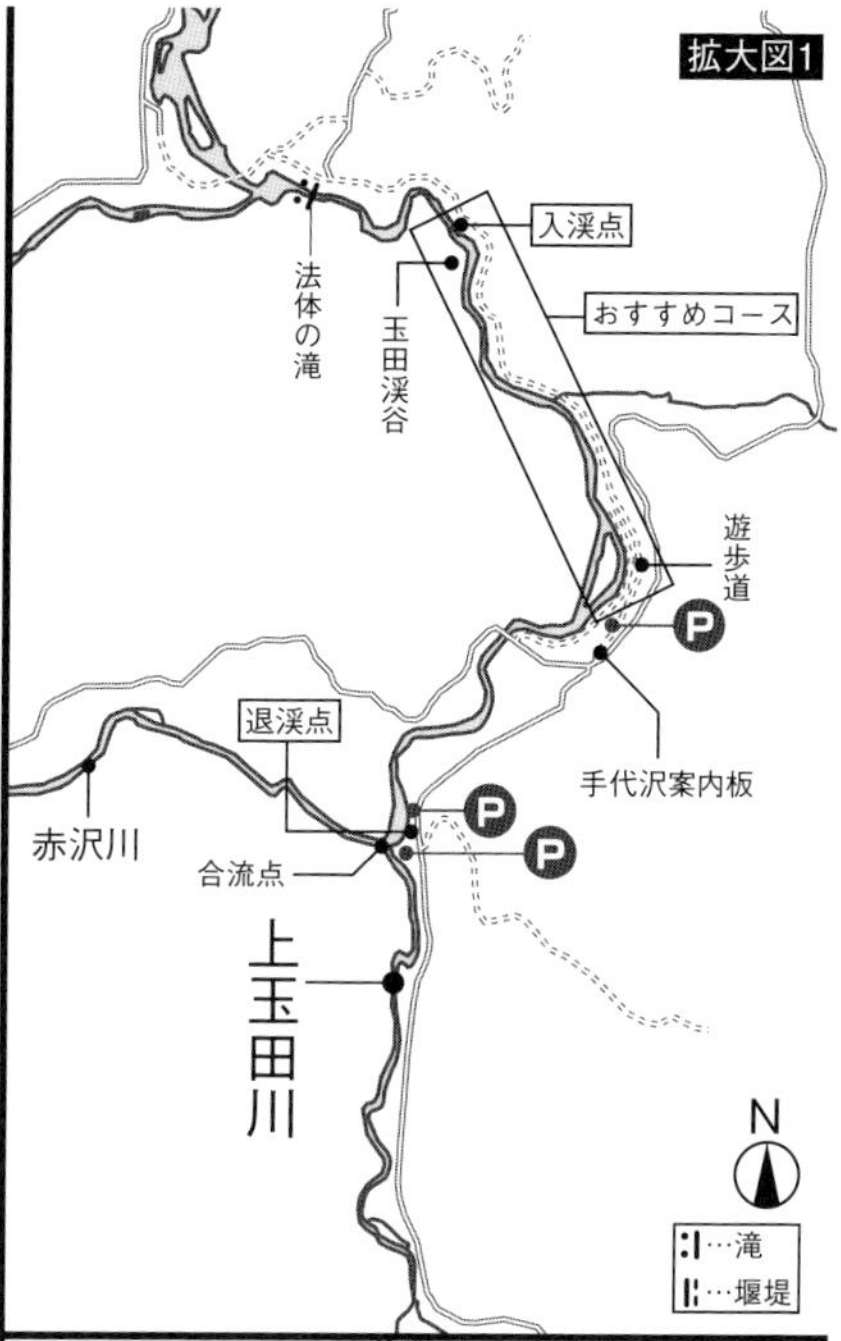
拡大図1
入渓点
法体の滝
玉田渓谷
おすすめコース
遊歩道
手代沢案内板
退渓点
赤沢川
合流点
上玉田川
N
:|…滝
|:…堰堤

拡大図4
赤滝
退渓点
赤沢川
赤沢川への
林道起点
N
:|…滝
|:…堰堤

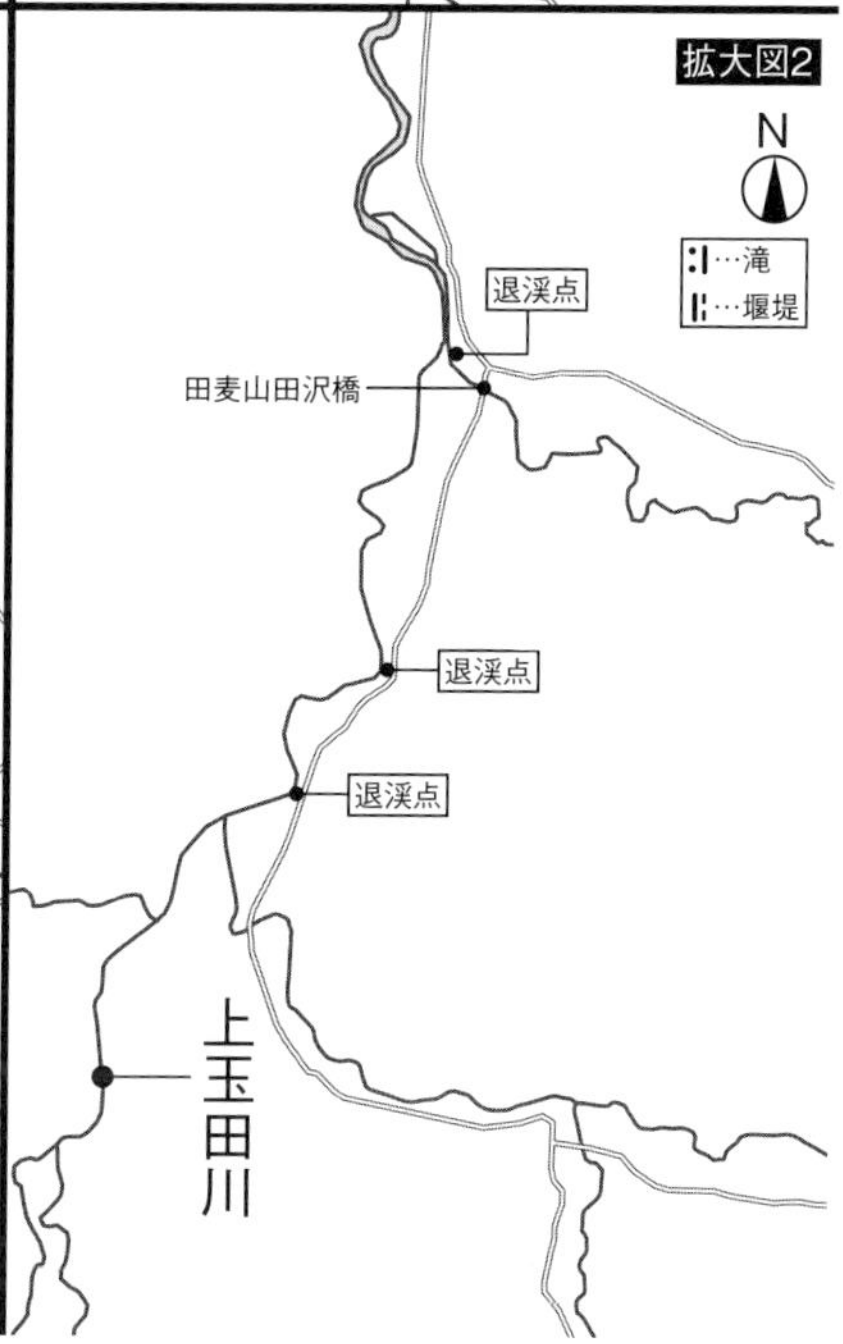
拡大図2
N
:|…滝
|:…堰堤
退渓点
田麦山田沢橋
退渓点
退渓点
上玉田川

子吉川水系笹子川支流

丁川《ひのと》

中流部の落差が小さい穏やかな流れに良型ヤマメが潜む
黒い大きな底石で変化に富む流れを、ていねいに探る

丁岳登山口、五階の滝案内板

秋田と山形の県境・丁岳山地の沢水を集めて笹子《じねこ》川に注ぐ渓流が子吉川水系丁川。笹子川との合流から中村橋付近までは、農繁期には取水され水量が極端に落ち、釣りには不向きになる。

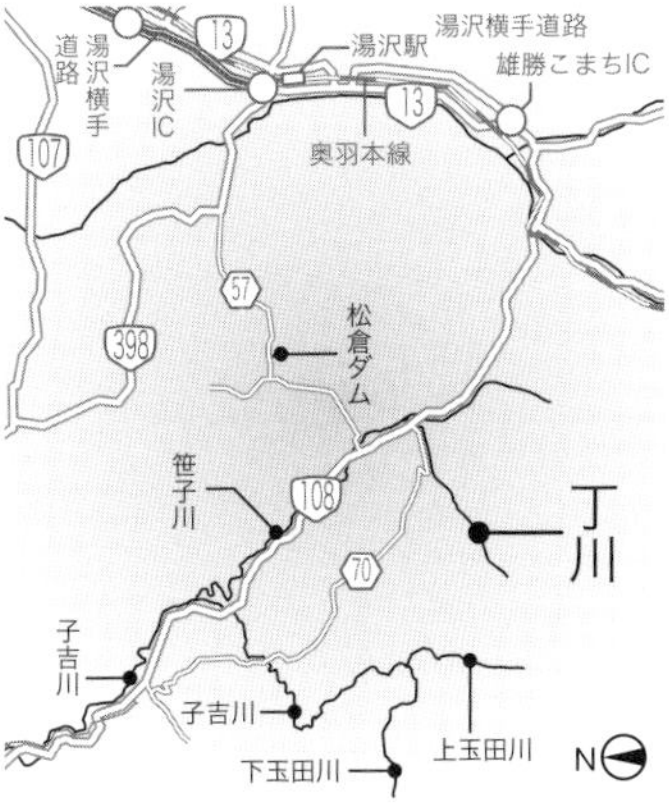

information

●河川名　子吉川水系笹子川支流丁川
●釣り場位置　秋田県由利本荘市
●主な対象魚　イワナ、ヤマメ
●解禁期間　4月1日～9月20日
●遊漁料　日釣券1000円・年券4000円
●管轄漁協　子吉川水系漁業協同組合（Tel0184-23-5582）
●最寄の遊漁券発売所　Yショップ鳥海（Tel0184-57-2440）
●交通　湯沢横手道路・雄勝こまちICを降り、国道13、108号、県道70号を経由して丁川へ

尺ヤマメの実績がある流れ。開けている場所で、ていねいに探るのがコツ

中村橋付近からが釣り場となるが、木が覆い被さっている場所が多く、やや釣りづらい。イワナ、ヤマメの混生であるが、ヤマメの割合が高い。ウグイも多いのが難点である。

上流は丁岳登山道があり、五階の滝までが釣り場として適しているが、途中深い淵やゴルジュ帯があるので川通しでは進めない個所がある。

中流部はフライフィッシングに適しており、落差の小さい穏やかな流れ。大型のヤマメが釣れることで知られる人気の渓流だ。

夏場は水量が少なく、遠めからのアプローチで釣りをしなければ釣果が上がらない。なおかつ、7月下旬からはメジロアブがどんどん増えて、ピークとなるお盆前後までの時期はほとんど釣りにならない。また採石場があり、雨天時は下流が濁りやすい。

流れは子吉川水系特有の黒い大きな底石が入って変化に富み、いろいろな

中村橋付近の渓相。水量のある場所はヤマメの好ポイントとなる

場所に魚が潜んでいるので、ていねいに釣り歩くと楽しいだろう。

●中村橋から天神橋

橋の近くに駐車スペースがある。木が覆い被さる場所が多いが、開けた所では良型のヤマメがねらえる。ただしウグイも多く難しい。

護岸沿いにストレートに流れている水量のある場所は、ヤマメの好ポイントとなる。ウグイを避けるためには、全体に流れや押しの強い流心付近をねらうことが大切だ。

●天神橋から野宅地区

左岸が水田になっている所からも入退渓できる。駐車スペースは少ないので、県道沿いの広い場所に邪魔にならないように停めて釣るしかない。

採石場からダンプなどの通行があるので気を付けること。この区間も木が被さっていて釣りづらい場所が多いが、

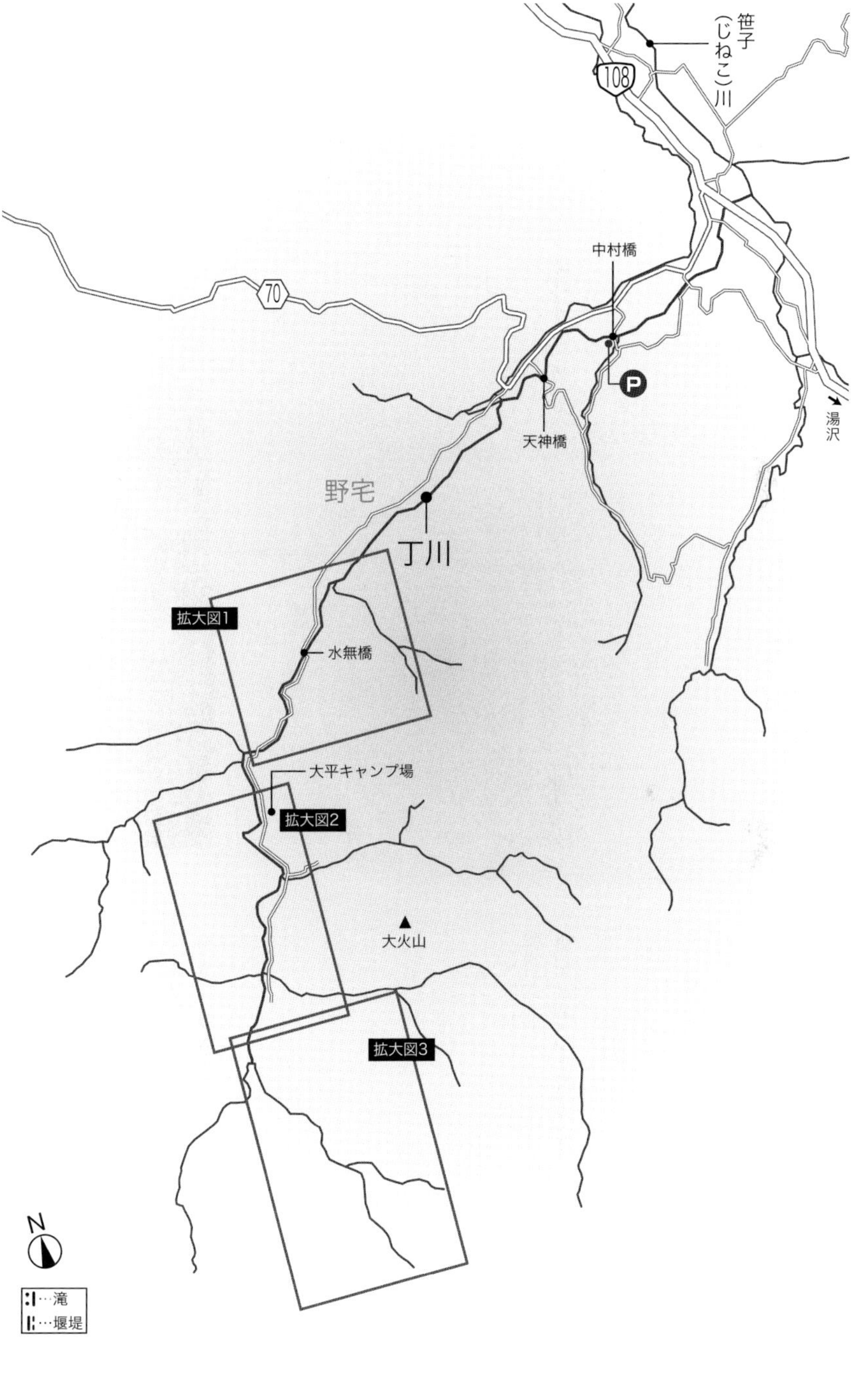
笹子(じねこ)川
108
70
中村橋
天神橋
P
湯沢
野宅
丁川
拡大図1
水無橋
大平キャンプ場
拡大図2
大火山
拡大図3
N
…滝
…堰堤

9寸ヤマメ。ウグイも多く辛抱の釣りとなる

大平キャンプ場。ここから上流はイワナの渓となる

開けている所ではヤマメの良型がねらえる。水無橋付近まで遡行すると退渓しやすい。

●水無橋付近から採石場付近

採石場付近からはガレ石があり、角が立っていて危険なので注意が必要。採石場の下の橋から大平キャンプ場付近は木が覆うものの大淵があり、魚影も多く、大ものも期待できる。採石場付近の道路は広く充分に駐車スペースもある。

●大平キャンプ場から第一堰堤

川幅は狭く釣りづらい。上流に行くほど川も暗いイメージとなり、正直にいえばあまりおすすめの区間とはいえない。右岸に林道はあるものの川から遠く、ヤブで退渓には難儀するのでキャンプ場まで川通しで戻ること。

第一堰堤（通称）上は次の沢が入ってくる合流上までの約５００ｍは堰堤

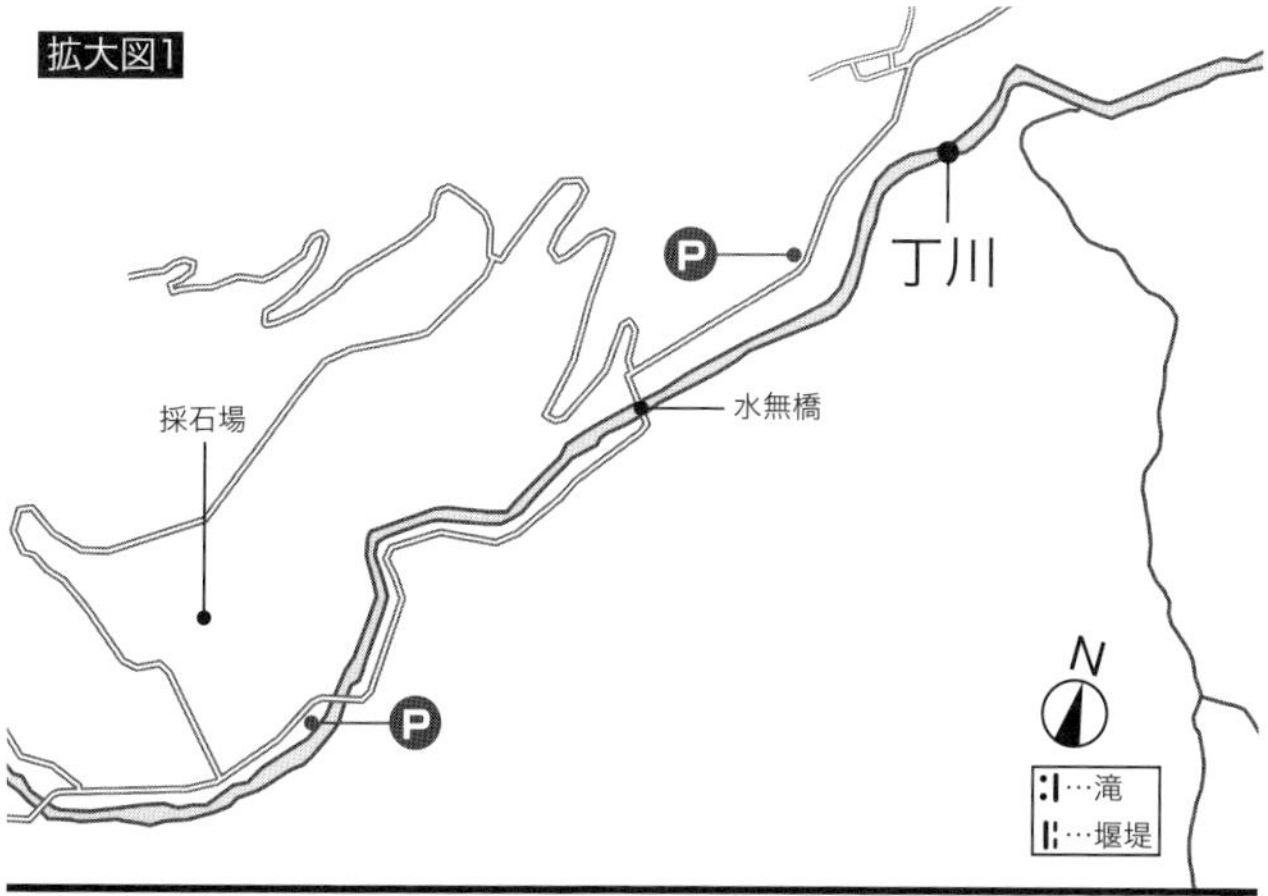

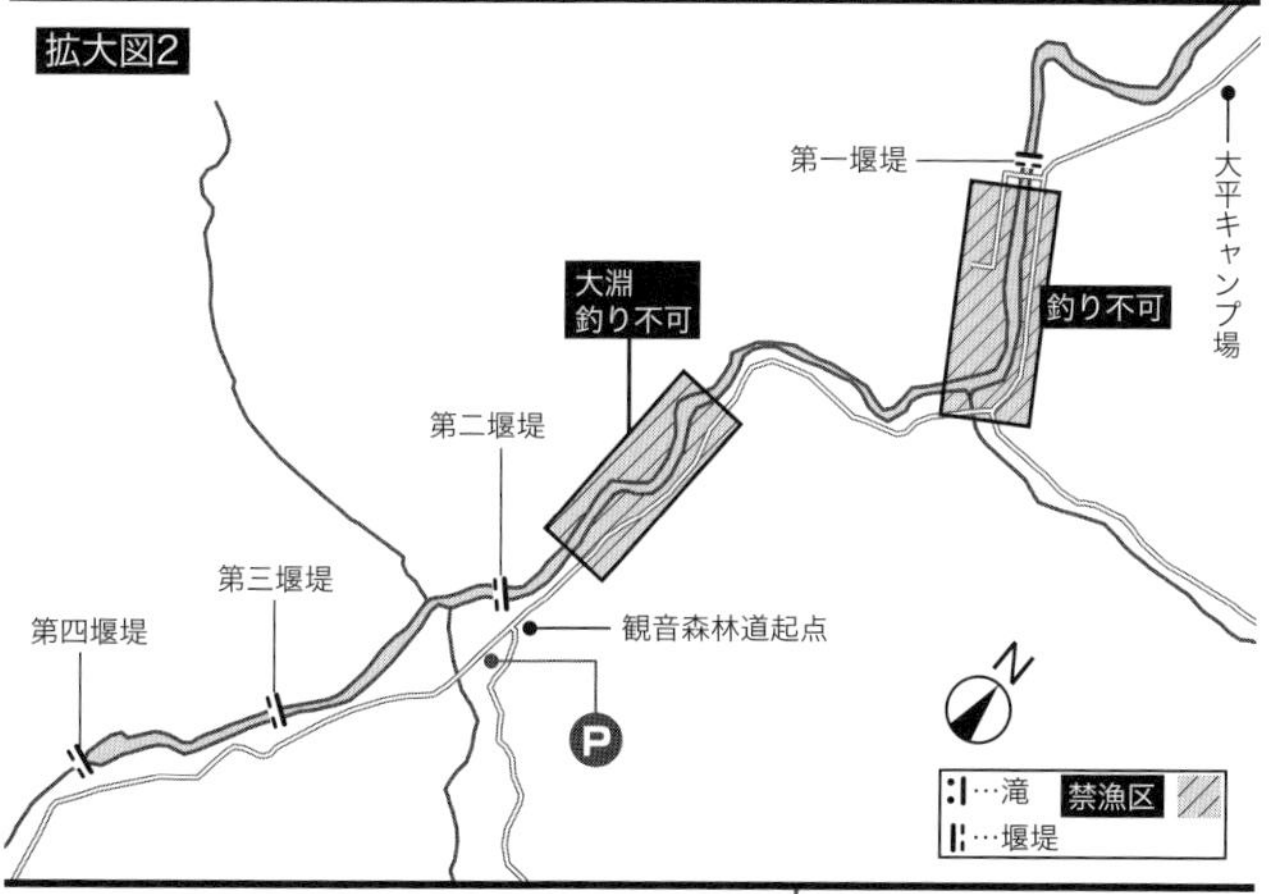

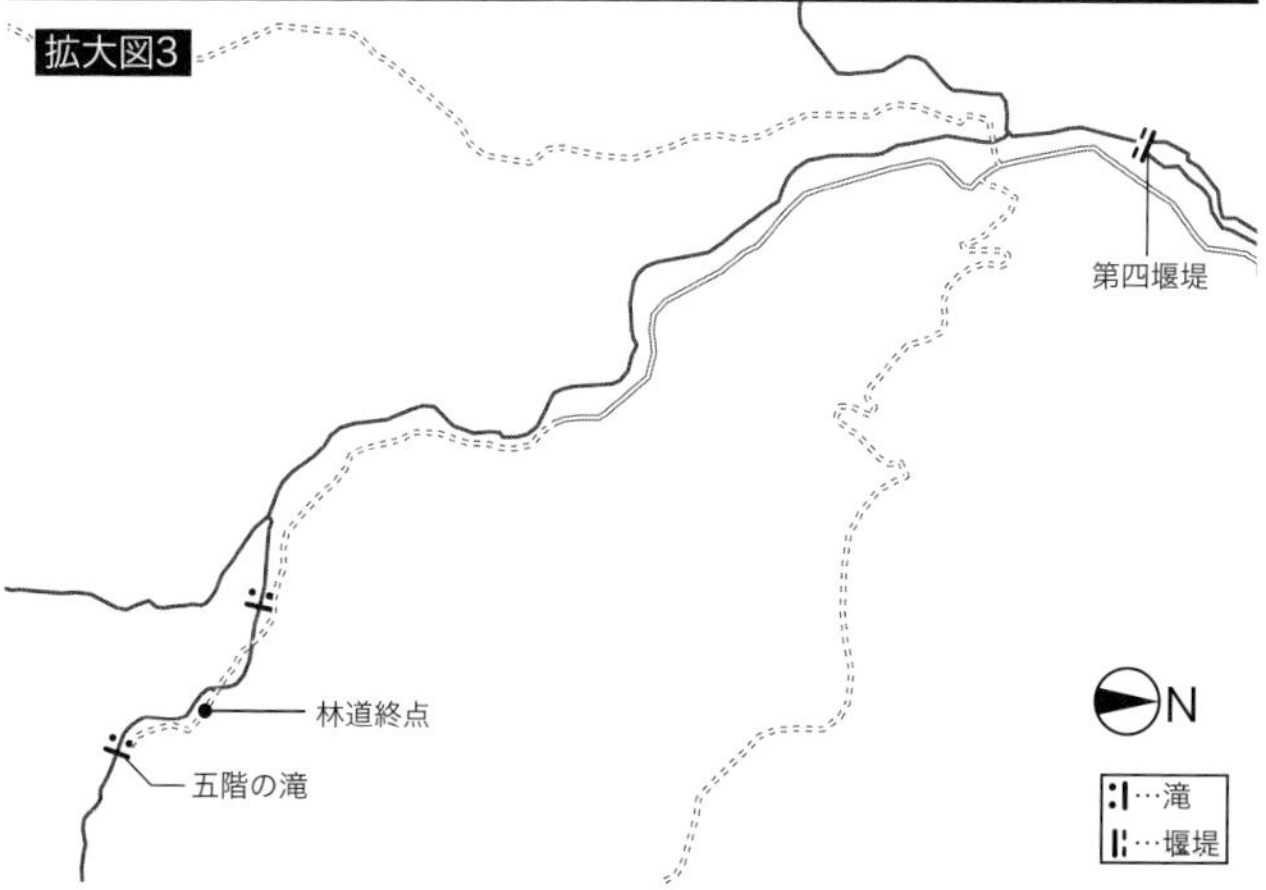

の砂で埋まり、釣りには不向き。

　そこから第二堰堤（通称）は車で約900mあるが、途中に大淵とゴルジュ帯があるので、手前で林道に上がり、観音森林道の起点の所から入り直して第二堰堤まで釣り上がる。

　キャンプ場から上はほぼイワナだけになる。退渓は堰堤右岸に林道があるので、上がりやすい所から退渓するとよい。第二堰堤以遠は狭くなり、ゴルジュ帯もあり釣りには不向きである（佐藤敏彦）。

青森・秋田「いい川」渓流ヤマメ・イワナ釣り場

掲載河川情報一覧

河川名	漁協名	TEL	解禁期間
川内川	川内町内水面漁業協同組合	0175-42-3691	4月1日~9月30日
蔦川	奥入瀬川漁業協同組合	0176-72-3933	4月1日~9月30日
黄瀬川	同上	同上	4月1日~9月30日
熊原川	三戸漁業協同組合	0179-22-2868	4月1日~9月30日
岩木川	岩木川漁業協同組合	0172-33-0309	4月1日~9月30日
浅瀬石川	浅瀬石川漁業協同組合	0172-52-2946	4月1日~9月30日
赤石川	赤石水産漁業協同組合	0173-72-3094	4月1日~9月30日
	赤石地区漁業協同組合	0173-72-4030	4月1日~9月30日
追良瀬川	追良瀬内水面漁業協同組合	0173-74-3184	4月1日~9月30日
津梅川	なし	なし	4月1日~9月30日
小様川	阿仁川漁業協同組合	0186-72-4540	3月21日~9月20日
鳥坂川	同上	同上	3月21日~9月20日
打当川	同上	同上	3月21日~9月20日
鍰内沢	同上	同上	3月21日~9月20日
小岱倉沢	同上	同上	3月21日~9月20日
大湯川	鹿角市河川漁業協同組合	0186-35-2622	4月1日~9月20日
兄川	岩手県米代川漁業協同組合	0195-73-2631	3月1日~9月30日
桧木内川	角館漁業協同組合	0187-55-4877	4月1日~9月20日
斉内川	仙北漁業協同組合	0187-63-5364	4月1日~9月20日
堀内沢	角館漁業協同組合	0187-55-4877	4月1日~9月20日
生保内川	田沢湖漁業協同組合	0187-43-3839	4月1日~9月20日
先達川	同上	同上	4月1日~9月20日
小和瀬川	同上	同上	4月1日~9月20日
大深沢	同上	同上	4月1日~9月20日
役内川	雄勝漁業協同組合	0183-56-2202	4月1日~9月20日
大役内川	同上	同上	4月1日~9月20日
上玉田川	子吉川水系漁業協同組合	0184-23-5582	4月1日~9月20日
丁川	同上	同上	4月1日~9月20日

●執筆者プロフィール（50音順）

岡田英人
神奈川県在住。渓流歴40年。渓流釣りでは､｢釣りに来たときよりも川をきれいに」を心がけている。日本渓漁会所属。

小池純二
東京都豊島区在住。渓流釣り歴 50 年。本流から山岳渓流まで幅広く楽しむ。天然魚もしくはそれに準ずる美しい魚を求めて釣行。チームGAF 顧問。

佐藤敏彦
秋田県在住。渓流釣り歴45年。フライフィッシングガイド Bear' s guide 代表。秋田県南を中心に、宮城、山形の川を案内している。「魚釣りは数字のようなものだ。というのは、完全にマスターできないからだ」。アイザック・ウオルトンが釣りをいろいろなものに例えて話すが、事実であることが理解できる。

佐藤　渉
青森県在住。渓流釣り歴 40 年。FF CLUB YIS 所属、他クラブとの渉外役を務める。渓流釣り（フライフィッシング）は、一に「C&Rでフィールドを守り次世代に残したい」、二に「日々精進、そしてカッコよく釣りたい」。

嶋脇充博
青森県在住。渓流釣り歴（フライフィッシング）は 30 年。フライフィッシング・アウトフィッターズ&カフェ「Private North」を営む。「青森の渓流も年々魚が減っています。漁協の放流量も昔ほどではありません。釣り人みんなが魚を残すことを真剣に考えなければ、“昔はよかった”という川が増えるだけでしょう。いつまでも魚が釣れる川を残していきましょう」。

波田野篤史
岩手県在住。渓流釣り歴は小学生の頃から約35 年。「渓流釣りは、流れにたたずんで無心にサオを振っていると、自然とひとつになれるような感覚が一番の魅力だと思います」。GFG 岩手、NFS 岩手所属。

廣嶋利夫
秋田県在住。渓流釣り歴は小学生の頃から約40 年。鹿角市でエクルフライ（銘木ランディングネット、アユオトリ販売）を営むほか、フライタイヤー。「ネイティブな、本当のトラウトを釣りたい。そしてただ釣るだけではなく、釣り場環境の維持に努めたい」。

松山定光
青森県在住。渓流釣り歴 40 年。津軽渓流娯楽部理事。渓流釣りは、「長く楽しめるように、怪我をしないように。そして、自然を大切に」。

丸山　剛
神奈川県在住。渓流釣り歴は 40 年ほど。魚は必要以上に釣らない。泊まりの釣行が好き。

村田　寅
青森県在住。渓流釣り歴 21 年。細イト釣法からチョウチン釣り、ルアーまでフィールドに合わせて楽しんでいる。本稿は、津軽渓流釣倶楽部の大先輩であり長年、月刊『つり人』に寄稿されていた故・石場沐渓氏が適任と思われるところだが、若輩の私が故人の遺志を継ぎ、哀悼の意を込めて取材・執筆させていただいた。

谷地田正志
秋田県在住。渓流釣り歴は幼稚園の頃から数えて約 50 年。フライフィッシングクラブ・アーガス会長。谷地田正志フィッシングガイド（フライ）も行ない米代川水系で高い実績を誇る。釣法を問わず、渓流釣りでは「大きな魚ほど残してほしい」。

青森・秋田「いい川」渓流ヤマメ・イワナ釣り場

2016年4月1日発行

編　者　つり人社書籍編集部
発行者　山根和明
発行所　株式会社つり人社

〒101－8408　東京都千代田区神田神保町1－30－13
TEL 03－3294－0781（営業部）
TEL 03－3294－0766（編集部）

印刷・製本　図書印刷株式会社

乱丁、落丁などありましたらお取り替えいたします。
©Tsuribito-sha 2016.Printed in Japan
ISBN：978-4-86447-086-5　C2075
つり人社ホームページ　http://tsuribito.co.jp/

本書の内容の一部、あるいは全部を無断で複写、複製（コピー・スキャン）することは、法律で認められた場合を除き、著作者（編者）および出版者の権利の侵害になりますので、必要の場合は、あらかじめ小社あて許諾を求めてください。